KB049956

남부 문제에 대한 몇 가지 주제들 외

ALCUNI TEMI DELLA QUISTIONE MERIDIONALE

남부 문제에 대한
몇 가지 주제들 외

ALCUNI TEMI DELLA QUISTIONE MERIDIONALE

안토니오 그람시 지음

·

김종법 옮김

책세상

일러두기

1. 이 책은 그람시Antonio Gramsci가 주저 《옥중수고Quaderni del carcere》 이전에 발표한 글 중에서 '남부 문제'에 대한 직접적인 언급이 담긴 것들을 골라 옮긴 것이다. 각 글의 번역 대본은 다음과 같다.

   (1) 노동자와 농민 I: "Operai e contadini", *L'Ordine nuovo*(1919~1920)(Torino: Einaudi, 1972), 22~27쪽.

   (2) 노동자와 농민 II: "Operai e contadini", *L'Ordine nuovo*(1919~1920), 88~91쪽.

   (3) 노동자와 농민 III: "Operai e contadini", *L'Ordine nuovo*(1919~1920), 316~ 318쪽.

   (4) 도시의 역사적 역할: "La funzione storica delle città", *L'Ordine nuovo*(1919~ 1920), 319~322쪽.

   (5) 리보르노 전당 대회: "Il Congresso di Livorno", *Socialismo e Fascismo— L'Ordine nuovo*(1921~1922)(Torino: Einaudi, 1978), 39~42쪽.

   (6) 메초조르노와 파시즘: "Il Mezzogiorno e il Fascismo", *La costruzione del Partito Comunista*(1923~1926), 171~175쪽.

   (7) 이탈리아 상황에 대한 연구: "Un esame della situazione italiana" I, *La costruzione del Partito Comunista*(1923~1926), 113~120쪽.

   (8) 남부 문제에 대한 몇 가지 주제들: "Alcuni temi della quistione meridionale", *La costruzione del Partito Comunista*(1923~1926), 137~158쪽.

2. 원서 편집자의 주는 '(편집자주)'로, 옮긴이의 주는 '(옮긴이주)'로 표시했다.

3. 단편, 음악·미술 작품 등은 〈 〉로, 신문, 잡지, 도서는 《 》로 표시했다.

4. 맞춤법과 외래어 표기는 1989년 3월 1일부터 시행된 〈한글 맞춤법 규정〉과 《문교부 편 수자료》, 《표준 국어대사전》(국립국어연구원, 1999)을 따랐다.

한형곤 교수님의 회갑을 축하드리며
이 책을 바칩니다.

들어가는 말 | 김종법 7

남부 문제에 대한 몇 가지 주제들 외 19
    1. 노동자와 농민 I 21
    2. 노동자와 농민 II 30
    3. 노동자와 농민 III 35
    4. 도시의 역사적 역할 39
    5. 리보르노 전당 대회 46
    6. 메초조르노와 파시즘 51
    7. 이탈리아 상황에 대한 연구 58
    8. 남부 문제에 대한 몇 가지 주제들 72

해제—그람시 사상의 출발점, 남부 문제 117
    1. 남부 문제의 시작 119
    2. 남부 문제의 형성과 진행 과정 124
        (1) 부르주아적 시각—초기 남부주의자들 126
        (2) 사회주의적 시각—후기 남부주의자들 133
    3. 그람시와 남부 문제 139
    4. 그람시의 유산 149
    5. 남부 문제를 넘어서 155

주 161
더 읽어야 할 자료들 181
옮긴이에 대하여 184

2004년 총선에서도 영·호남 지역 문제는 여전히 정치적 화두였으며, '지역 정당 타파'라든지 '전국 정당 건설'이라는 해묵은 구호들이 각 정당이 내건 주요 목표였다. 그러나 서랍 속에서 잠자던 과거에 대한 향수에서 동력을 얻은 새로운 지역주의가 등장했고, 정책의 결합이나 노선에 기반을 둔 정당이 등장하지 못하고 또 다른 지역 정당이 한쪽 지역에서 출현함으로써 향후 한국 정치에 커다란 숙제를 남기게 되었다. 지역 문제가 꼭 한국에만 있는 것은 아니지만 이 문제는 오랫동안 한국 정치가 해결해야 할 시급한 과제로 상정되어왔다. 더욱이 정치권이 표를 얻는 데 지역주의를 이용해왔기 때문에 지역 문제는 반드시 해결해야 할 국민적 과제가 되었다. 이탈리아 역시 한국과 마찬가지로 지역 대 지역이라는 대결적 의미의 지역 문제가 심각한 나라 중 하나다.

이탈리아의 경우 지역 문제는 통일 이전부터 오랫동안 서로 다른 정치적 배경 아래 역사 속에서 거듭 등장해왔으며,

오늘날까지 커다란 국민적 멍에이자 심각한 사회 문제로 각인되어 있다. 이탈리아 본토가 서로마 제국으로 분리된 뒤, 이민족인 북방 민족의 침입과 용병으로 인해 지역적 분할과 분리가 이탈리아의 오랜 역사적 전통이 되었다. 십자군 원정으로 본격적인 지중해 무역 시대가 열리면서 경제적 헤게모니를 장악하게 된 많은 이탈리아 중세 도시들은 각자의 경제적 부를 토대로 강력한 지역 정부로 발전했다. 이러한 과정에서 교황청과의 세력 다툼, 유럽 제국의 이탈리아 분리 정책 등은 이탈리아 반도 내에 강력한 통일 국가가 출현하는 것을 방해했다. 이 같은 이탈리아 정치 상황에서 마키아벨리 같은 이들이 등장하기도 했지만, 여전히 강력한 교황청과 새로운 강력한 통일 왕국의 등장을 달갑게 생각하지 않던 유럽 제국의 견제는 이탈리아가 19세기까지 분열돼 있는 데 가장 커다란 원인이 되었다. 나폴레옹 지배 이후 이탈리아에서 시작된 통일 운동인 리소르지멘토Risorgimento 역시 이와 같은 역사적 배경과 정치적 지형에 따라 지역적이고 부분적인 형태를 띠게 되었으며, 이 때문에 이탈리아는 결국 준비된 통일, 국민적 열망에 따른 통일로 나아가지 못했다. 1861년에 비록 통일이 이루어졌지만 통일에 대한 국민적 열광이나 기대는 찾아보기 힘들었고, 북부와 남부의 적대적이고 투쟁적인 갈등 양상은 언제나 해결하기 힘든 사회 문제이자 국민 문제였다.

이탈리아 학자들은 다양한 양태로 불거져 현대 이탈리아를 형성하는 데 기여한 이 지역 문제를 '남부 문제'라고 부른다. '남부'라는 말에는 여러 가지 사회적·정치적 개념이 담겨 있다. '남부'는 단순히 지리적으로 북부에 상대되는 지역을 의미하기도 하지만 자유롭고 현대적인 북부와 대조되는, 기성 사회의 질서에 얽매인 봉건적인 지역을 의미하기도 하며 비교적 산업화된 북부와 대조되는, 농업 중심적이고 산업화가 덜 진행된 지역을 의미하기도 한다. 또한 '북부의nordico'라는 이탈리아어 형용사가 말 그대로 북부 지방을 뜻하는 데 반해 '남부의sudicio'라는 형용사는 '더러운', '불결한'이라는 의미로도 사용되는데, 이러한 사실에서도 '남부'가 갖는 의미를 짐작할 수 있다.

남부 문제에 관한 연구는 오랜 역사를 갖고 있다. 그러나 현대적으로 남부 지역을 정치적 범주에서 하나의 개념으로 확고하게 발전시킨 사람은 바로 그람시Antonio Gramsci였다. 이탈리아가 정치 체제로서 유럽 무대에 등장한 것은 1861년이었고, 그 전의 이탈리아는 그저 문학가들과 낭만주의자들의 머릿속에만 존재하는 이념 속의 국가였기 때문이다. 다시 말해 국가로서 이탈리아가 등장한 뒤에야 비로소 지역 문제로서 남부 문제가 등장했으며, 하나의 실체와 사회 문제로서의 남부 문제에 분명하게 접근한 사람이 그람시였다.

그람시는 사르데냐 섬의 낙후된 지역 알레스에서 태어났

기 때문에 그가 어렸을 때 느낀 지역적 피해 의식은 다른 사람들보다 훨씬 컸다. 청소년기에 당시 사르데냐에서 유행했던 "대륙의 본토인들을 모두 바다에 쓸어 넣어버리자"라는 극단적인 표현에 동조했을 정도다. 그람시가 가졌던 이러한 지역주의적인 '사르데냐주의'는 그의 정치적 이념과 사상의 출발점이 되었다(이탈리아 통일 이후에도 사르데냐는 여전히 낙후한 도서 지방으로서 프랑스나 본토의 경제 상황에 많은 영향을 받았다. 특히 얼마 안 되는 포도주나 올리브 등의 생산물은 정부의 보호 무역주의로 인해 상당한 타격을 입게 되었고, 주요 자원인 석탄 역시 지역 발전에 사용되기보다는 본토의 산업을 위한 자원으로 수탈되는 양상을 보였다. 이와 같은 상황에서 사르데냐 민중은 새로운 통일 왕국을 식민지 지배자로 보게 되고 사르데냐의 독립과 자치를 추구하게 되었는데 이것이 곧 사르데냐주의라 할 수 있다). 이처럼 사르데냐주의라는 지역주의에서 출발한 그람시가 결국 훗날에는 지역주의의 한계를 뛰어넘어 본격적인 지역 문제로서 남부와 북부의 차이를 인식하고, 남부 문제를 국민적 시각에서 국가의 문제로 확장해 받아들이게 되었기 때문이다. 다시 말해 그람시는 하나의 국가 안에서 발달한 지역이 덜 발달한 지역을 상대로 지배적 위치에서 식민지적 수탈에 나서고 있는 상황을 인식함으로써, 북부 산업 지역과 남부 및 도서 지방의 관계를 하나의 국가 내부에 존재하는 식민지적 구조로 보며 남부 문제에 접근하게 되는데, 이는 그람시가 북부 산업 도시의 전형이었던 토리노에서 학문적 지평을 확장시키기 위해 노력하고 노동 운동에 전념하던 시기의 일이었다.

이 책에 가장 먼저 수록된 〈노동자와 농민Operai e contadini〉은 바로 청년기의 그람시가 지역주의적인 사르데냐주의의 한계에서 벗어나 국가 문제와 계급 투쟁의 문제라는 좀 더 큰 틀로 남부 문제를 확장시킨 글이다. 조금 거칠기는 하지만 이 글에서 그람시는 1차 세계대전의 경험을 통해 남부라는 지리적 공간과 농업이라는 특정 산업 분야를 국가와 계급에 대한 분석 그리고 프롤레타리아 독재의 차원에 연결시키면서 계급 동맹의 의미를 처음으로 제기했고, 계급 동맹을 권력 획득의 주요 수단이자 전술로 인식했다. 이는 그가 이 글에서 본격적으로 자신의 이념과 사상을 구상하기 시작했음을 보여준다. 〈노동자와 농민〉은 노동 운동이라는 한정된 영역에서 시작된 그람시의 사상이 남부 문제에 대한 접근을 계기로 '헤게모니'라는 관점으로 이동함을 보여주는 글이자 《새로운 질서L'Ordine Nuovo》 운동의 이념적 좌표를 명시한 글로 이해될 수 있다.

〈도시의 역사적 역할La funzione storica delle città〉은 이탈리아 도시들을 역사적 관점에서 언급한 뒤 이 논의를 리소르지멘토와 연계해 산업화 과정의 틀 속에서 개진하며, 노동자의 세력화와 이를 활용한 농촌과의 관계 등을 서술한다. 〈리보르노 전당 대회Il Congresso di Livorno〉는 중요한 전기와 계기를 담은 글이다. 새로운 계급 정당과 프롤레타리아 독재의 구현을 위한 구체적 방법을 제시했다는 점에서 그람시의 사상이 마르크스주의로 명확하게 발전했음을 보여주기 때문이다. 이 글에서 공산당 창당의 당위성을 이탈리아 내부 상황 및 국제적 상황과 연계해 논한다. 그리고 이탈리아 노동계급의 국민적 성격과 국제적 역할 등을 언급하면서 남부 문제 해결을 위해 노동자·농민 동맹체를 구성할 것을 구체적으로 적시하는 동시에 프롤레타리아 독재 구현의 구체적 방법을 제시한다.

〈메초조르노와 파시즘Il Mezzogiorno e il Fascismo〉은 당시 부상하고 있던 파시즘을 본격적으로 분석한 글로, 파시즘과 남부 지역과의 연관성 등을 날카롭게 지적한다. 특히 파시즘이 발흥한 원인과 향후 전망에 대해 적지 않은 시사점들을 보여주며, 남부 문제의 조속한 해결 없이는 국가 전체가 파시즘으로 쉽게 경도될 수 있음을 암시한다. 〈이탈리아 상황에 대한 연구Un esame della situazione italiana〉 역시 남부 문제, 권력 획득의 문제, 파시즘에 대한 종합적 분석을 보여주며, 이를 통해 사상적으로 더욱 성숙한 그람시의 면모를 보여준다. 이 글에서 그람시는 젊은 시절에 보였던 제한적이고 국지적인 지역주의의 문제 의식에서 벗어나 마르크스주의자이자 공산주의 노동 운동가로서 확고한 사상적 기반을 다지게 된다.

이후 이탈리아 국회의원이 된 그람시는 현실 정치의 경험을 바탕으로, 남부 문제를 프롤레타리아 독재의 완성을 위해 보완하고 해결해야 할 문제로 바라보게 된다. 그러나 그람시는 국회의원의 면책 특권에도 불구하고 파시스트들에게 체포되어 수감 생활을 하게 되는데, '공산주의자와 사회주의자와 민주주의자의 비교를 통한 각각의 입장과 남부 문제에 대한 노트'라는 비교적 긴 부제가 붙은 〈남부 문제에 대한 몇 가지 주제들Alcuni temi della quistione meridionale〉은 그가 감옥에 있던 1930년 1월 파리에서 발간된 《노동자 국가Stato operaio》에 발표한 글이다.

이 글이 발표되자 이탈리아 공산당 파리 망명 본부뿐만 아니라 수많은 사상가들과 운동가들은 매우 놀랐다. 글의 내용 탓이기도 했지만, 무엇보다 그람시의 문제 제기와 개념들이 새로운 의미와 분석에 따라 전개되었기 때문이었다. 이 글에서 그람시는 이탈리아 정치 체제의 불완전성을 남부라는 지역 문제를 통해 제기하고, 국가 분석의 모범적인 사례를 통해 국가 권력의 전이 과정이나 획득 과정을 예리하게 설명했던 것이다. 이 글은 이후 등장하는 그람시 사상과 개념들의 전초이자 《옥중 수고Quaderni del carcere》에서 발전하게 되는 주제나 개념들의 방향을 미리 보여주는 나침반과도 같은 것으로 평가된다.

특히 이 글은 그람시의 헤게모니 개념과 관련해 중요한 시사점을 던져준다는 평가를 받고 있다. 여기서 그람시는 지배 계급과 피지배 계급의 관계를 '동의'와 '강제'라는 이분법적인 유형으로 구분하는 것이 아니라, 지배 계급이 지배의 정당성 확보와 유지를 위해 어떤 방식으로 헤게모니를 창출하고 지키려 하는지, 또 피지배 계급의 입장에서 이를 타개하기 위해 어떻게 대항 헤게모니를 구축해야 하는지를 설명한다. 더욱이 계급 동맹의 문제 제기는 당시의 이탈리아 상황에 비추어볼 때 중요한 사상적 발전의 계기이자 남부 문제 해결에 중요한 시사점을 던지는 것이라고 볼 수 있다. 실제로 그람시의 문제 제기는 이후 많은 학자들과 사상가들이 남부 문제를 현실 사회 문제로 인식하고 이를 해결하기 위한 연구와 정책을 발전시키는 데 하나의 나침반 역할을 했다. 아쉬운 점은, 그람시가 이 글의 서두에서 스스로 밝힌 대로 이탈리아 남부 문제를 다루는 글을 줄곧 써왔고 이후에도 쓰게 되지만, 그가 체포됨으로써 관련된 후속 논문과 연구 결과들이 좀 더 정교하게 발전하지 못했다는 것이다. 그래서 이 글은 미완성이라는 평가를 받기도 하지만, 그람시 사상의 전체적인 흐름과 연구 방향을 제시하는 지표이자 훗날 《옥중 수고》에서 전개되는 여러 사상과 개념의 좌표 역할을 하고 있다는 점에서 그람시 사상의 출발점으로 간주될 수 있다.

그러나 결론적으로 그람시는 매우 접근하기 어려운 사상

가 가운데 한 명이다. 완성되지 못한 글의 단편적인 특징들은 제쳐놓더라도, 개념이 갖는 대립성이나 간접성 또는 역사적 배경에 의한 접근법 등은 그람시를 연구하는 이들에게 별도의 선행 과제와 연구의 짐을 안겨준다. 예를 들면 그람시는 'dirigere(지도하다)'라는 동사와 관련된 단어들이나 거기서 파생된 단어들을 경우에 따라 '지도', '지배' 혹은 단순한 '지휘' 등으로 사용하며, '헤게모니'라는 말을 '조합주의적'이라는 말과 대립되는 뜻으로 사용하는가 하면 경우에 따라 그람시 사상의 종합으로서 '헤게모니'라는 말을 사용하기도 하고 단순한 '주도권'의 의미로 '헤게모니'라는 말을 사용하기도 한다. 이외에도 '종속적', '부속적', '도구적'등의 표현이라든가 '계기'와 '국면'의 혼용 등은 그람시의 글을 읽기 전에 어느 정도의 설명과 해설을 요하게 만든다. 또한 옥중에서의 집필이라는 한계와 검열을 피하기 위한 암시적 수사나 상징적 표현들 때문에 그의 글은 이탈리아의 내부 사정이나 당대 상황을 정확하게 알지 못하는 이들에게는 커다란 당혹감을 안겨준다. 또한 그의 글에는 리소르지멘토라는 이탈리아 통일 운동 과정이나 이탈리아 여러 지방의 역사 등이 배경으로 깔려 있어서 이에 대한 지식이 없는 이들이 접근하는 데 어려움이 따른다. 그러나 이처럼 접근하기 쉽지 않은 이유들을 가지고 있음에도 불구하고 지금까지 그람시의 사상은 수많은 찬사를 받으며 서구 마르크스주의가 나아가야 할 방향을 제시해왔다. 또한 그람시는 그의 사상의 무한한 발전 가능성 때문에 좌파는 물론 우파에게도 매력적인 정치 사상가가 되었다.

1980년대 중반 이후 한국의 지식인들도 그람시의 사상을 받아들였는데, 한국에서 그의 저작들을 직접 대할 기회가 없었음에도 그람시의 사상은 한국 지식인의 관점과 경향을 평정해버렸다. 한국에서 그람시의 사상은 마치 거대한 파도와 같아서, 위력 있게 몰려왔으나 목적지에 다다르기도 전에 물거품으로 부서지면서 사라져버렸다. 한때 '시민 사회'니 '헤게모니'니 하는 용어들이 거의 모든 연구 분야를 장식했지만, 이제는 그때와는 조금 다른 방식으로 그람시의 사상이 이야기된다. 항상 다른 사람의 머리와 입을 통해 왜곡되고 변형된 다양한 모습의 그람시가 우리 사회를 떠돈 지 이제 겨우 20년이 되었다. 남부 문제에 대한 그람시의 생각과 문제 의식은 우리 지식인 사이에서 거의 논의도 되지 못했다. 따라서 그람시는 여전히 채굴할 것이 많이 남아 있는 광산 같은 존재다. 이 책은 첫 걸음을 뗀 채로 작업한 결과다.

이 책을 통해 새로운 유행으로서의 그람시를 전파하려는 것은 아니다. 그저 이 책이 채워지지 않았던 빈 자리를 메우는 의미 있는 작업이 되기를 기대한다. 열악한 국내 연구 환경에도 불구하고 그동안 발표되었던 그람시에 대한 연구 결과와 번역서들이 지금도 여전히 유용한 것처럼 이 책에 소개된 글들 역시 그렇게 유용하게 이용되기를 기대한다. 이 책은 이탈리아어 판본을 직접 옮긴 것이며, 따라서 그람시의 감정과 의미의 원형에 비교적 가깝게 다가섰다는 장점을 갖고 있다. 그람시의 까다로운 문체가 제대로 옮겨졌는지는 독자들의 판단에 맡긴다. 오역이나 지나친 확대 해석이 있을 수도 있고 원문을 잘못 이해한 경우가 있을 수도 있다. 그럼에도, 젊은 날의 그람시가 정치적 사상 체계를 전반적으로 통합하는 데 중심 개념으로 작용했던 정치적 주제와 그의 사상적 기초가 이 책을 통해 독자에게 이해되고 수용되기를 바란다. 그래야만 그람시가 그토록 오랫동안 제기했던 문제를 해결하는 출발점에 설 수 있기 때문이다.

그람시는 토리노에서 활동하던 시절부터 남부 문제와 관련된 글을 수없이 많이 썼다. 이 책에 수록된 글들은 그중에서도 남부 문제라는 주제를 직접 다루거나 노동자와 농민 동맹체 문제 등을 직접 언급한 것들에 해당한다. 남부 문제를 다룬 그람시의 수많은 글 중에서 극히 일부만을 수록하게 된 것이 못내 아쉽지만 다음 기회에 더 많은 글을 선별해서 해설을 덧붙여 소개하도록 하겠다.

옮긴이 김종법

남부 문제에 대한
몇 가지 주제들 외

1. 노동자와 농민 I[1]

이탈리아 정부는 전쟁[2] 중에, 그리고 전쟁에 대비하기 위해 국가의 여러 기능에 기본 물자에 대한 분배와 생산 규정을 만들어 채택했다. 이 규정은 산업과 무역의 독점 형식으로 완성되었고 생산과 교환 수단들에 대한 중앙 통제의 형태를 띠었다. 또한 이 규정은 혁명적 의지를 분명히 하고 있는 프롤레타리아 대중과 반(半)프롤레타리아 대중에 대한 착취 조건들과 균형을 이루고 있다. 이러한 현상과 그것이 발생시키는 심리적인 결과를 고려하지 않는다면 전쟁 중에 발생하는 실제적이고 기본적인 특징을 이해하기란 불가능하다.

러시아, 이탈리아, 프랑스, 스페인 등과 같이 여전히 자본주의가 지체되고 있는 국가에서는 도시와 농촌 사이 그리고 노동자와 농민 사이에 분명한 격차가 존재한다. 이 지역들의 농업에는 전형적인 봉건 경제 형태가 존재하고 그에 상응하는 의식(意識)이 자리한다. 현대 자유주의-자본주의 국가의 사상은 아직 전해지지 않았다. 정치적·경제적 기구들은 여전히 역사적 범주로 이해되지 않고 있다. 정치적·경제적 기구들은, 하나의 원칙을 갖고 있고 곧바로 하나의 발전 과정을 형성하며 사회적 공존의 상위 형태를 위한 조건을 창출한 뒤에는 바로 해체되어버리기 때문에 역사적 범주로 이해되지 않는다. 정치적·경제적 기구들은 단지 영속적이고 자연적이며 불변하는 범주로서만 이해된다. 실제로 대지주들은 자유 경쟁의 틀에서 벗어나 있다. 국가 역시 봉건적 잔재의 유물로서 정당성을 부여하는 공식을 만들어 대지주들의 봉건적 요소를 지켜준다. 이 같은 공식들은 실제로 봉건 정권의 특권과 세습 권리를 지속시켰다. 농민의 의식 속에는 결정적인 경우에 '주군'에 반대하여 폭동을 일으키고자 하는, 봉건 시대 농노의 정신이 남아 있다. 그러나 이러한 의식은 농민 스스로가 자신이 속해 있는 공동체(지주들에게는 국가를, 프롤레타리아에게는 계급을 의미하는)의 일원이라는 점을 생각하지 못하는 것과 같으며, 사회에서 공존하는 정치적·경제적 관계를 변화시키려는 영속적인 전복과 체계적인 행동을 전개할 줄 모르는 것과 같다.

이 같은 상황에서 농민의 의식은 통제할 수 없는 것이었다. 현실에 대한 감정은 착취에 대한 방어 체계에 있어서 맹

목적이었고 복잡했으며 혼란스러웠다. 그것은 아무런 논리도 없는 단순한 이기적인 방어에 불과한 것으로서, 대부분 비열한 노예 근성을 감춘 채 선량을 가장한 것이었다. 계급 투쟁은 산적질brigantaggio[3]이나 공갈 협박 또는 숲에 불을 지르는 짓과 혼동되었고 가축 약탈이나 부녀자 납치 또는 읍·면사무소를 습격하는 것과 구분되지 않았다. 그러한 행위는 테러리즘의 일종이었을 뿐 지속적이고 효과적인 결과로 이어지지 못했다. 따라서 객관적으로 볼 때 농민의 의식은 민주주의-의회주의 국가에 의해 창출된 사회적 조건들에 종속되는 시원(始原)적 감정들의 아주 미약한 집합으로 축소된다. 농민은 지주들과 그들의 밀정들 그리고 부패한 정부 관리들의 손아귀에 완전히 맡겨졌고, 농민 생활에서 볼 수 있는 가장 큰 걱정거리는 기본적인 자연 재해와 권력 남용 그리고 지주들과 정부 관리들의 잔혹한 야만스러움으로부터 자기 몸을 지켜내는 것이었다. 농민은 법적으로나 도덕적으로 개개인의 인격체로 인정받지 못하고 법의 지배권 밖에 놓여 있었다. 그들은 오직 무정부적 요소로 남아 있었고, 산발적으로 소요를 일으키는 개별적 요소들이었으며, 단지 헌병 경찰carabiniere[4]이나 악마의 공포에 의해서만 통제되는 존재였다. 농민은 조직화를 모르고 국가의 존재를 이해하지 못하며 훈육이라는 것을 알지 못한다. 그들은 아주 척박한 자연 환경과 부실한 수확이라는 힘든 개인적 상황에도 굴하지 않는, 인내심으로 가득한 존재이며 가족 생활에서 불굴의 희생을 감수한다. 그러나 계급 투쟁에 대해서는 야수와 같은 폭력성을 띠고, 참을성이 없으며, 행동의 일반적인 목적을 상정하는 것과 그 목적을 위해 체계적인 투쟁을 벌이거나 일관성을 가지고 그 목적을 수행하는 데 익숙하지 않다.

참호에서 보낸 피의 착취 기간인 4년[5]은 농민의 의식을 바꾸어놓았다. 이러한 변화는 특히 러시아에서 확인할 수 있는데 그것은 혁명의 필수적인 조건들 중 하나다. 산업화의 일반적 발전 과정에서 산업주의가 결정하지 못했던 것들이 전쟁으로 인해 나타났다. 전쟁은 자본주의가 덜 발전된 나라들, 즉 기계적 수단들이 덜 준비된 나라들에게 가능한 한 모든 국민을 동원하도록 압박했는데 이는 중앙 집권적 제국들의 전쟁 도구를 국민의 몸으로 철저하게 방어하기 위한 것이었다. 러시아에서 전쟁은 먼저 아주 광활한 땅에 흩어져 있는 개개인 사이의 접촉이 시작된다는 의미를 갖는다. 또한 동일한 훈육과 그와 똑같은 잔혹함과 죽음에 항상 노출될 위험에 처한 희생 속에서 몇 년간 계속 지속된 인간의 집중화를 의미한다. 오랫동안 집단 생활과 같은 조건들이 계속되리라는 의식의 효과는 예상할 수 없는 결과들로 거대하고 풍부하게 채워진다.

이기적이고 개인적인 본능은 약화되었으며 공통의 통합 정신은 유형화되었다. 그리고 감정은 적절히 조정되었으며 사회적 훈육의 관습이 형성되었다. 농민은 국가를 총합적 장엄함과 무한한 권능 그리고 복잡한 구축으로 이해했다. 그들은 세계를 더 이상 우주같이 무한히 거대한 것으로 이해하거나 마을의 종루같이 아주 작은 것으로 이해하지 않고 국가와 민중이 구체화된 것으로, 사회적 힘과 허약함이 구체화된 것으로, 기계들과 군대들이 구체화된 것으로, 부와 가난함이 구체화된 것으로 이해했다. 달리 말해 연대의 끈은 수십 년간의 역사적 경험과 간헐적인 투쟁으로만 생길 수 있는 것들로 연결되어 있다. 4년간 진흙 속에서 그리고 참호 속의 피투성이 속에서 정신 세계는 영속적이고 역동적인 사회적 기구들과 제도로 구체화되었다.

이렇게 해서 러시아 전선에서 군사 대의원 평의회Consigli dei delegati militari가 탄생했다. 농민 출신의 병사들은 페트로그라드6와 모스크바 및 러시아의 다른 산업 중심지의 소비에트 생활에 능동적으로 참여할 수 있었으며 노동자 계급의 통일이라는 의식을 얻었다. 그리하여 러시아 군대는 더 이상 진격할 수 없었고 병사들은 자신의 일터로 복귀했으며, 비스톨라 평화 협정Vistola al Pacifico7 이후 러시아 제국 전역에서, 러시아 민중이 국가를 재건하는 데 기본적인 요소였던 지역 평의회Consigli locali의 연결망이 구축되고 퍼지게 되었다. 이 같은 새로운 의식은 산업화된 도시에 근거한 공산주의 선전망을 구축했으며, 혁명적 공동 생활의 경험을 통해 자유롭게 수용되고 형성된 사회적 계층을 확립했다.

이탈리아의 역사적 조건은 과거에나 현재에나 러시아와 그다지 많은 차이가 없다. 노동자와 농민의 계급 통일 문제는 동일한 용어로 나타난다. 이들의 계급 통일은 사회주의 국가라는 실제의 예로 도래할 것이며 전장의 참호에서 공동 생활을 하면서 생긴 새로운 의식 위에 구축될 것이다.

이탈리아 농업은 전쟁으로 인해 나타난 위기에서 탈출하기 위해 진행 방향을 완전히 바꾸어야 한다. 가축을 이용한 농사의 파탄으로 기계를 도입해야 하고, 풍부한 경작 수단을 사용하는 것과 함께 집약적인 산업 문화로 급속하게 이행할 필요가 있다. 그러나 이러한 전환은 재난 없이 사유 재산제로 이행될 수 없다. 이러한 전환은 노동에 대한 공산주의적 통일로 결합된 노동자와 농민의 이해 안에서 사회주의 국가로 이행되어야 한다. 생산 과정에서 기계의 도입은 항상 실업의 심각한 위기――이 위기는 오직 노동 시장의 유연성에 의해서만 천천히 극복된다――를 가져온다. 오늘날 노동 조건들은 근본적으로 흔들리고 있다. 농업 부문의 실업은 이미 효과적인 이민이 불가능해짐으로써 해결 불가능한 문제가 되었다. 농업에 대한 산업적 변형은 산업 노동자들과 빈농들의 평의회로 구현된 프롤레타리아 독재에 가난한 농민들이 동의할 때에만 도래할 수 있다.

공장 노동자와 가난한 농민은 프롤레타리아 혁명의 두 원동력이다. 그들에게는 특히 공산주의가 반드시 필요하다. 공산주의의 도래는 생활과 자유를 의미하며 사적 소유의 영속화는 육체적 삶까지 모두 잃어버리고 분쇄되는 내재적 위험을 의미한다. 지속적인 혁명적 열망, 타협을 수용하지 않는 불굴의 의지, 그리고 일부의 일시적 실패에 실망하지 않고 쉽게 성공하리라는 지나친 환상을 갖지 않으면서 통합을 실현할 때까지 집요하게 추구하는 것이야말로 필수 불가결한 요소다.

노동자와 농민은 혁명의 주축이자, 격정적으로 혁명의 방해물들을 쳐부수거나 아니면 인간 파고로서 장애물을 제거하고 공략하면서 전진하는 프롤레타리아 무장 행동대의 불굴의 투사들이다. 그들은 인내심 있는 작업과 부단한 희생을 통해 장애물을 침식시킨다. 공산주의는 그들의 문명이며, 하나의 인격체·존엄성·문화를 획득하고 진보와 아름다움의 창조적 영감이 되기 위한 역사적 체계다.

모든 혁명적 노동은 혁명 활동의 생활에서 필요성을 느끼고 그들의 문화에 대한 요구 위에 기반을 둘 때에만 바람직한 성공을 거둘 수 있다. 반드시 고려되어야 할 것은 프롤레타리아 사회주의 운동의 지도자들이다. 또한 광범위하게 퍼져 있는 혁명 의식에 적합한 형태를 억제할 수 없는 혁명의 힘에 부여하는 문제를 어떻게 끌어낼 수 있는지를 이해하는 것이 필요하다.

전쟁 전에는 자본주의 경제가 지체된 조건에서 광범위하고 심도 있게 농민을 조직화하고 부상시키는 일이 불가능했다. 또한 자본주의의 파멸 후에 국가 재건을 위해 분야별로 노동자들로 하여금 계급 투쟁의 유기적 개념을 배우고 영속적인 필수 훈련을 받게 하는 것 역시 불가능했다.

모든 개개인이 새로운 공동 생활의 조직으로 스며드는 데 성공하지 못한다면, 진흙투성이와 피투성이의 참호 속에서 서로의 몸에 기대면서 전쟁 중에 얻은 의식과 4년간 피 흘리는 희생에서 축적된 공산주의에 대한 경험은 아무런 쓸모도 없게 될 것이다. 따라서 그러한 의식의 획득이 견고해질 수 있어야 하며 경험은 발전되고 통합될 수 있어야 하고 구체적인 역사적 목적의 첨가를 의식적으로 지향하는 실제적 모습과 기능으로 구현될 수 있어야 한다. 이렇게 조직됨으로써 농민은 질서와 진보의 요소가 될 것이다. 농민을 그들 스스로에게 맡김으로써 농민이 훈련되지 못하고 체계적인 행동을 전개할 수 없게 되면, 농민은 단지 조직화되지 못한 폭도나 항상 너무 많은 두려움을 갖게 하는 모습으로 그려질 수밖에 없다. 또한 온갖 탄압에 의해 고통받음으로써 훨씬 잔악하고 극악한 야만인이 되어, 실현 불가능한 열망으로 혼란스럽고 무질서한 무리가 될 것이다.

공산주의 혁명은 기본적으로 조직화와 훈육의 문제다. 혁명과 관련해 이탈리아 사회에 주어진 객관적인 현실 조건에서, 주인공은 동일 업종별로 공장 노동자들이 밀집된, 대중으로 가득 찬 산업 도시가 될 것이다. 따라서 공장 내부에서, 산업 생산 과정에서 계급 투쟁의 새로운 형태가 발생하고 있는 새로운 생활에 아주 세심한 주의를 기울일 필요가 있다. 그러나 혁명은 단지 공장 노동자들의 힘만으로는 안정적으로 널리 확산되어 일어나지 않을 것이다. 따라서 도시와 농촌을 연대시키고, 농촌에는 사회주의 국가의 생산 확충을 위한 기계의 도입을 권장해야 한다. 또한 농업 경제의 거대한 변형 과정을 확정시킬 수 있는 제도들을 통해, 사회주의 국가를 건설하고 발전시킬 수 있는 가난한 농민의 제도와 기구들을 만들어야 한다. 이탈리아에서는 이 작업이 생각보다 어렵지 않다. 전쟁 중에 수많은 농촌 출신 인구가 도시의 공장으로 유입되었고, 그들에게 공산주의 선전망이 급속도로 흡수되었다. 이 선전망은 도시와 농촌을 견고하게 접합하는 데 이용되어야 하며, 불신과 원한을 소멸시키는 진정한 선전 작업을 농촌에서 전개하는 데 이용되어야 한다. 또한 이 선전망은 농촌의 의식을 잘 아는 것과 농촌의 의식을 잘 알 수 있다는 믿음에 가치를 두면서, 분야별 노동자들의 광범위한 힘을 공산주의 운동에서 현실화해주는 새로운 제도들을 발전시키고 부상시키기 위해 필요한 활동을 바로 시작하는 데 활용되어야 한다.

2. 노동자와 농민 II[8]

《스탐파*Le Stampa*》는 현재 한 가지 문제가 다른 모든 문제를 압도하면서 지배하고 있다고 주장했다. 그것은 국가의 권위를 회복하는 문제다.《스탐파》는 바로 이탈리아 사회의 근본적인 문제를 해결하기 위해 노동 계급과 이탈리아 사회당의 공조를 주장했고 지금까지도 계속 주장하고 있다. 부르주아 국가를 회복하기 위한 노동 계급의 행동과 관련해《전진! *Avanti!*》의 '철학자'는 노동자 국가(프롤레타리아 독재)를 설립하기 위해 전개된 노동 계급의 혁명적 행동을 역사적으로 유일하게 가능한 것으로 내세우고 있다. 어제 실린 이 철학자의 기사를 보면《스탐파》의 기고자가 부르주아 국가의 회복 문제를 상정하는 것은 순응주의적이라고 하면서 관념론 철학의 원리를 위반하는 것으로 볼 수 있는 노동자 국가의 설립을 근본적인 문제로 상정하고 있음을 알 수 있다. 이는 혁명의 신화를 증오하면서 부르주아 국가와 금고(金庫)시설에 대한 서비스를 보다 편리한 것으로 보는 관념론 철학의 은밀한 비밀 중 하나다.

《스탐파》의 기고자는 부르주아 국가의 회복 문제가 사회적 조화에 역행하는 것이며 계급 투쟁이 역사의 동인임을 부정하려 하지 않는 모든 사람에 대해 왜 그리 반대하면서 열렬히 항의하고 있는가! 이러한 열렬한 항의는《스탐파》의 기고자가 일반적으로 계급 투쟁이 역사의 동기이기는 하지만 어떠한 경우에도 역사가 그러한 유해한 동기들을 원치 않는다고 확신한다는 것을 의미한다. 엄격함과 불관용을 열렬히 찬양하는 관념론 철학은 이 경우에도 역시 비밀스럽고 미로에 빠진 위축을 감내하고 있다.

유감스럽게도《스탐파》의 기고자는 계급 투쟁으로 계급 투쟁을 억압한다는 환상을 가진 공산주의자들로 하여금 그들의 사악한 환영(幻影)을 포기하게 했다. 마치 재능이 뛰어난 민주주의자들이 전쟁으로 전쟁을 종식한다는 꿈을 가졌던 것처럼 말이다(참으로 유감이다!). 이와 관련해 제3인터내셔널의 공산주의자들은《스탐파》의 기고자가 근거 없다고 인식하고 있으며, 증명할 만한 명제와 교리의 실체를 갖고 있다. 예를 들어 트로츠키 동지는 러시아 혁명의 세계사적 의미는 바로 다음과 같다고 주장한다. 러시아 혁명은 먼저 조직화된 경제를 위한 조건들을 창출한 민족적 노동자 계급이 전 세계적 차원에서 승리함으로써 완성된 시도다. 노동자 국가인 러시아는, 자본가 계급이 그곳에서 제국주의 전쟁과 국제 연합이라는 신화를 통해 자신들의 복지를 실현하기 위해 노력했던 무한한 가치를 지닌 조직의 첫 번째 세포다. 러시아 노동자들은 외부의 전쟁과 외부의 계급 투쟁에 대한 논쟁을 맨주먹으로 해결했다. 그들은 더욱 잔혹하게 박탈당하고 기아에 허덕여야 했지만, 논쟁은 지금까지 세계 제국주의에 대한 러시아 노동자 계급의 '변증법적' 우위로 결론이 났다. 아마도 이탈리아에서 나타난 논쟁도 러시아와 매우 유사한 방식으로 해결될 것이다.《스탐파》기고자는 국가가 생산과 교환 과정에 개입하는 문제가 단순한 우연이자 바람직하지 않은 사건이라고 확신한다. 그는 회복된 정부 권력의 '법령'이 인류의 대부분의 행복을 파괴할 것이라고 생각하고 있다. 이에 반해 제3인터내셔널의 공산주의자들은 '사건'[9]이 계급으로 분화된 사회의 발전 과정에서 필수 불가결한 결과임을 확신하고 있다. 따라서 그들은 다음과 같은 표현으로 이 문제를 상정한다. 생산 과정을 중앙에 집중하고 통합하는 국가 권력을 전개하는 것이 누구에게 유리한가? 귀족주의 정치가에게 유리한가 아니면 노동 계급에 유리한가? 그러고 나서 다음과 같이 대답한다. 노동 계급은 자신들과 가난한 농민에게 유리하도록 권력을 전개하기 위해 국가 권력을 자신들의 손에 넣어야 한다.

농민 문제는《스탐파》의 기고자를 고뇌에 빠뜨렸다. 그는 이 문제를 희열에 차 승리에 감격하는 다리[10] 사이로 내던졌다. 농민은 공산주의의 견인차가 될 것이다. 노동자들이여 주목하라! 현대 부르주아 문명에 꼭 맞추어진 발에서, 그대들의 멍에에서 해방되기를 원하지 않는가! 그 멍에 위에 있는 농민의 거대한 장화를 보지 못하는가! 더욱이 《스탐파》의 기고자는 우리에게 도시 노동 계급의 혁명이 취할 형태에 대한 정교하고 정확한 묘사에 관해 절실하게 질문한다. 농민 문제와 '혁명의 형태' 문제는 밀접하게 통일되어 있다. 이 점에 대해 비타협주의자들과 기회주의자들 사이에서 논쟁이 형성되었다. 계급 투쟁은 아직 농촌에서 널리 확산되고 인식될 만한 유기적 형태들을 채택하지 못했다. 프롤레타리아 혁명은 가난한 농민과 소지주 계급이 농민 연합 정당으로 완전히 합쳐질 때에만 해결 가능한 형태로 나타나게 될 것이다. 독일과 헝가리에서는 가난한 농민 계층의 운동이 프롤레타리아 운동에 수반되지 못했다. 도시는 농촌에 대한 무지와 무차별에 가로막힌 채 소요 중에 고립되었으며, 자본가와 성직자 계층의 반동은 농촌에 의지함으로써 확고한 지지를 받았다. 러시아 농촌에서는 저항할 수 없는 계기들에 의해 11월에 프롤레타리아 혁명이 진행되었다. 러시아 농민 정당(민중주의자 혹은 사회혁명주의자들의)은 이 같은 운동의 결과 두 가지 주류로 나뉘었고, 대부분 농민으로 구성된 군대는 해산되었다. 도시 노동 계급은 이 같은 거대한 농촌 운동으로 인해 기반까지 파괴되고 있던 이 상황을 국가 붕괴로 이끌었고 결국 정부 권력을 공격하기 시작했다. 제헌 의회의 '비극'은 다음과 같은 사실로 구성되었다. 먼저 농민 출신 대의원들은 대부분 우파의 민중주의자들이었다. 이에 반해 소비에트 전당 대회의 농민 출신 대의원들은 대부분 공산주의자들이거나 좌파의 민중주의자들이었다. 연합 공천을 통해 민중주의 후보자 목록에서 선출된 제헌 의회는 계급 투쟁과 가난한 농민의 혁명에 의한 파괴를 극복한 농민들을 위한 중농주의 정책을 다시 도입했다.

이탈리아 농촌에서도 계급 투쟁은 억제할 수 없는 폭력적 형태로 폭발할 것이다. 이탈리아에서 역시 민중당은 두 갈래로 나뉜다. 종교적 유대가 '역사의 동인인 계급 투쟁'을 제동하기에 충분한지는 확실하지 않다. 이탈리아에서도 역시 혁명의 전위에 설 노동 계급이 있을 것이다. 이는 사적 소유에 의해 억압받은 사람들 중에서 프롤레타리아만이 고유한 문화, 통합 의식, 훈육을 갖고 있는 마르크스주의라는 정치적 교리를 갖고 있기 때문이며, 노동 계급만이 노동 세계와 공장을 통해 생활을 영위하고 발전시킬 능력이 있는 새로운 사회를 조직할 수 있기 때문이다. 노동 계급은 이렇듯 부르주아 이데올로기 인자(因子)들의 간교한 유혹을 견디면서 역사적으로 성숙한 것일까? 자본주의 금권 정치의 이해(利害)를 대변하는 부르주아 정당과의 공조는 농촌에서 폭력적 계급 투쟁의 도래를 더디게 할 것이고, 일단의 무장 세력을 손상되지 않은 채로 유지시킬 것이다. 그리고 이 같은 유리한 상황에서 '회복된' 국가는 노동자들과 비방자들 그리고 사기꾼들에게 다시 한번 직접적인 총공격을 감행할 것인지를 판단해야 한다. 이런 방식으로 노동 계급이 성숙했던가? 독가스를 품은 공격으로《스탐파》는 지형을 시험해보고 있다. 따라서 우리는《스탐파》의 기사가 계급 투쟁 중의 일화일 뿐이라고 이야기했다. 또한 우리가 이미 이 기사에 답변했기 때문에 이 기사는 정말 하나의 일화에 지나지 않는다.

3. 노동자와 농민 III[11]

회사를 위해 조직된 노동자들이 산업의 생산을 직접 통제해야 한다. 통제 활동은 노동자들로만 구성된 노동조합 조직을 통해 조화를 이루고 통일되어야 한다. 노동자들과 사회주의자들은 자본주의 국가의 공무원들이 산업을 통제하는 것이 자신들의 이해와 열망에 도움이 된다고 보지 않는다. 자본주의적 기생주의[12]에만 유용한 산업 동원 위원회의 회복에 지나지 않는다고 이해할 뿐이다.

'농민에게 땅을'이라는 구호는 농업 관련 회사와 현대적 시설을 갖춘 농장들이 회사와 농장을 위해 조직된 농업 노동자들에 의해 통제되어야 한다는 의미에서 이해해야 한다. 또한 경작용으로 확장된 토지는 외곽의 경작지와 마을의 가난한 농민 평의회에서 직접 관리해야 한다는 것을 의미한다. 농업 노동자와 혁명적 빈농과 의식이 깨어 있는 사회주의자들은 '미경작지나 황무지'에 대한 선전을 자신들의 이해와 영감에 도움이 되는 것으로 받아들이지 않을뿐더러 공산주의 공화국에 꼭 필요한 프롤레타리아 교육의 목적에 유용한 것으로 인식하지도 않는다. 이 선전은 혁명적 신의(信義)와 의식의 분해라는 결과에 지나지 않으며 사회주의에 대한 기괴한 명예 훼손이라는 결과를 가져올 뿐이다. 가난한 농부 한 사람이 미경작지나 황무지에 침입해 무엇을 얻을까? 기계도 없고, 노동하는 곳에 거주할 공간도 없으며, 수확기를 기다릴 수 있는 신용도 없고, 동일한 수확(농부가 먼저 숲을 벌목하지 않은 채 수확한다는 것 혹은 적어도 미경작지에서 말라빠진 야생 무화과를 얻는다는 것이 대체 무슨 뜻인가!)을 얻고 고리대의 횡포에서 수확을 지켜낼 협동조합적 지침도 없는 농부가 그러한 땅에 침입해 얻는 것이 무엇이란 말인가? 그는 처음에 자신이 소유자라는 생각에 만족해하고 땅에 대해 그가 초기에 가졌던 바람을 채우게 된 것에 기뻐한다. 하지만 폭약 없이는 바위를 깰 수 없는 땅을 사람의 팔만으로는 깊게 팔수 없다는 것을 깨닫는 순간에, 그리고 시멘트와 사료와 농기구들이 필요하다는 것을 깨닫는 순간에 누구도 그에게 경작에 필요한 이 모든 필수품을 내주지 않을 것이다. 그는 또한 말라리아가 창궐하는 땅에서 집도 식수도 없이 지내야 할 밤낮이 있는 미래를 생각하게 될 것이다. 농부는 자신의 무

능력과 절망적인 자신의 조건 그리고 고독을 느낄 것이다. 그리고 혁명가가 아니라 산적이 될 것이고, 공산주의를 위해 투쟁하는 투사가 아니라 '땅 주인'들을 죽이는 암살자가 될 것이다.

그렇기 때문에 혁명적 노동자들과 농민들 그리고 의식 있는 사회주의자들은 산업에 대한 통제와 '미경작지 또는 황폐한' 땅을 위해 의회의 주도권 속에서 자신들의 이익과 열망들을 되돌아본 것이다. 그들은 이러한 주도권에서 단지 의회의 '크레티니즘cretinismo'[13]과 개량주의와 기회주의의 환영만을 보고 반(反)혁명만을 보았던 것이다. 그럼에도 의회 활동은 유용할 수 있다. 의회 활동은 산업과 농업 문제에 대한 정확한 표현을 위해, 그리고 그 문제의 해결을 위해 필요하고 충분한 도구들을 사용할 수 있는 농민들과 노동자들을 형성하는 데 사용될 수 있을 것이다. 또한 의회 활동은 이탈리아의 모든 위대한 농민 대중에게 농업 문제의 해결이 북부 이탈리아 도시 노동자들에 의해 실현될 수 있으며 프롤레타리아 독재에 의해 실현될 수 있다는 사실을 인식시키는 데 사용될 것이다.

북부 부르주아는 남부 이탈리아와 섬 지역을 지배하면서 그곳을 착취의 대상인 식민지로 격하시켰다. 북부 프롤레타리아는 스스로 자본주의적 노예 상태에서 자신을 해방시킴으로써, 북부의 기생적 산업주의와 은행 자본에 예속되어 있는 남부 농민 대중을 해방시켜야 한다. 농민들의 정치적·경제적 갱생은 단지 미경작지나 황무지의 분배가 아니라, 농민과의 연대를 필요로 하는 산업 프롤레타리아와의 연대에서 구해야 한다. 산업 프롤레타리아는 자본주의가 토지 소유자들에 의해 경제적으로 재생산되지 않는 데 관심을 보이며, 남부 이탈리아와 섬 지방이 자본주의의 반혁명적 군사 기지가 되지 않기를 바라기 때문이다. 프롤레타리아는 산업에 대한 노동자의 통제를 염두에 두고 농민들에게 제공할 농기계, 직물, 구두, 전기 등의 공업용 제품 생산에 매진할 것이며, 산업가와 은행이 농민을 착취하고 돈의 노예처럼 예속시키는 것을 막을 것이다. 노동자들은 공장의 전제적 전횡과 자본주의 국가의 탄압 기구들을 분쇄하고, 유용한 노동을 규정한 법률에 자본가들을 종속시키는 노동자 국가를 건설하기 위해, 농민들을 얽어맴으로써 비극에서 빠져나오지 못하게 하고 농민들을 절망에 빠뜨리고 있는 모든 예속을 분쇄할 것이다. 노동자 독재를 이루고 은행과 산업을 장악한 뒤 프롤레타리아는 지주와 대자연, 비극적 삶에 대항하는 농민의 투쟁을 지원하기 위해 국가 조직의 거대한 힘을 사용할 것이다. 프롤레타리아는 농민에게 신용 대부를 해주고, 협동조합을 설립하고, 도적 떼에게서 개인의 안전과 재산을 보장하고, 공공 보건과 관개 사업 등을 전개할 공공 사업에 전력할 것이다. 프롤레타리아는 이 모든 사업을 전개할 것인데, 농업 생산을 증대하는 것, 농민 대중과의 연대를 군건하게 유지하는 것, 도시와 농촌, 즉 북부와 남부 사이의 동맹과 평화를 동반한 유용한 노동을 통해 산업의 생산을 증진시키는 것, 이 모든 것이 바로 노동자의 관심과 이익이 되는 데 기여하기 때문이다.

이런 의미에서 노동자와 의식 있는 농민들은 사회주의의 의회 활동을 전개해야 하며, 그들은 또한 그렇게 행동하기를 원한다. 이러한 행동은, 대중 안에서 혁명적 교육 작업을 수행하고, 공산주의 강령이 허락하는 한에서 대중의 열망과 감정들을 통합시키며, 기존 의회의 밖에서 의회에 대항함으로써 산업과 농업 경제의 실제적인 문제들이 노동자 국가에 의해 해결될 수 있다는 확신을 끊임없이 확산시키는 작업을 뜻한다.

4. 도시의 역사적 역할[14]

공산주의 혁명은 노동 계급, 다시 말해 마르크스주의의 의미에서 공장과 자본주의 산업 체계에 의해 통일되고 형성된 도시 노동자들로 이루어진 사회 계층으로 이해되는 프롤레타리아에 의해 수행될 것이다. 산업과 시민 생활의 기관인 도시는 그것이 자본주의 경제력과 부르주아 독재의 도구였던 것처럼 공산주의 경제력과 프롤레타리아 독재의 도구가 될 것이다. 프롤레타리아 독재는 항상 위협적으로 상존하는 파멸에서 이 거대한 산업적이고 지적인 생산 도구와 시민 생활의 원동력을 구할 것이다. 제국주의 전쟁과 그 경제적 결과에 의해 부패되고 황폐해진 부르주아 권력이 도시에서 점차 해체되고 있는 사실을 숨길 수 없으며 농촌에 비해 더욱더 많은 가치들이 소멸될 것이다. 도시 주민들은 굶주리고 있으며, 무엇보다 생필품의 부족이 오직 농촌에 의해 해소될 수 있다는 점에서 도시가 획득한 역사적이고 지적인 모든 성과들은 가치를 잃은 채 해체될 것이다. 프롤레타리아 독재는 이러한 파멸에서 도시를 구할 것이다. 농촌에서 프롤레타리아 독재는 내전으로 귀결될 것이며 빈농층보다 더욱 광범위한 계층들을 도시와 연결시킬 것이다. 이를 통해 프롤레타리아 독재는 현대 도시의 요소인 시민적 진보와 삶의 감탄할 만한 장치들인 현대 산업 문명이 이를 천박하게 경멸하고 증오하는 농촌 고리대금업자들과 대지주들에게 침탈당하는 것을 막을 것이다.

리소르지멘토 시기에 확인되었던 것과 같은 상황이 오늘날 공산주의 혁명의 전개 과정에서 부르주아 혁명의 전개 과정에서와 유사하게 이탈리아에서 재생산되고 있다. 당시와 같은 역사적 동력이 오늘날에는 특히 밀라노와 토리노 두 도시에서 발견된다. 이 두 도시는 유사한 관계 체계로 이루어저 있다. 이탈리아 리소르지멘토는 밀라노를 거점으로 삼았다. 밀라노와 롬바르디아에는, 통일된 체제에서 이탈리아라는 국가를 조직화하는 것이 자신들 계급에 실존적으로 필요하다는 이유 때문에 세력 확장을 갈망하는 부르주아의 기운이 가득했다. 그들은 기본 관세, 도량형, 통화, 운송, 바다로 진출할 수 있는 출구인 항구, 조세와 민법이 하나로 통합된 체제를 원했다. 그러나 밀라노의 부르주아에게는 부르주아 국가를 창출할 역량이 없었으며, 오스트리아의 지배라는 멍에에서 벗어나 자유를 찾을 역량도 없었을 것이다. 이러한 목적을 달성하기 위해서는 바리케이드, 개인적 영웅주의, 5일간의 영웅적 전투,[15] 오스트리아에 우호적인 농촌들로 둘러싸인 자유 도시 밀라노 혼자의 힘으로는 충분하지 않다. 이 목적의 달성을 위해 역사적으로 결정된 세력이 바로, 이탈리아라는 국가를 세우고 전국적으로 부르주아 계급을 굳건히 통합시킬 수 있는 능력을 지닌 토리노였다.

피에몬테의 부르주아들은 롬바르디아의 부르주아들만큼 부유하고 강력하지는 않았지만 훈련이 잘 되어 있었고 국가 권력으로 굳건하게 통일되어 있었다. 또한 그들은 용맹한 군사적 전통과 행정 전통을 지녔고, 피에몬테 정치가들의 지략으로 유럽의 균형적 정치 체계에 성공적으로 편입했다. 피에몬테는 견고한 정복형 국가였다. 따라서 피에몬테는 이러한 영향력을 통해 이탈리아를 새롭게 형성할 수 있었고, 강력한 형태의 군사적·행정적 핵심을 새로운 국가에 제공할 수 있었으며, 이탈리아 민중에게 피에몬테적인 형태, 즉 유기적으로 조직된 형태를 부여할 수 있었다. 토리노는 이같이 강력한 피에몬테 체제의 중추 신경계이자 피에몬테 민중의 통합체였으며 이탈리아 자본주의 혁명의 도화선이었다.

오늘날 토리노는 최상의 자본주의 도시는 아니지만 최상의 산업 도시이자 최상의 프롤레타리아 도시다. 토리노의 노동 계급은 잘 짜이고 훈련된 계급이며 그런 계급을 가진 토리노는 전 세계에서 몇 안 되는 독특한 도시다. 토리노는 단일 공장 같은 도시다. 또한 토리노의 노동자들은 하나의 동일한 유형으로 구성되어 있으며 산업 생산 과정에서 강력하게 통합되어 있다.

토리노의 프롤레타리아는 바로 도시 산업의 이 같은 강력한 통합적 특성 때문에, 또한 계급 투쟁의 경험을 통해 자신들만의 동질성과 공고한 동지 의식으로 뭉친 살아 있는 의식을 이미 획득했기 때문에, 소비에트 유형을 따르는 대중 조직화의 길에서 상당히 전진해 어느 정도 성과를 거둘 수 있는 역량을 갖추고 있었다. 또한 피에몬테의 전체 노동자 민중도 유사한 의식을 급속히 획득할 수 있을 것이다. 피에몬테 역시 노동에 대한 강인하고 참을성 있는 전통과 지난 수세기 동안 피에몬테 지방의 정치적 독립과 지방 자치의 실례로 축적된 문화적·물질적 부의 유산으로 인해 매우 개별적이고 독특한 경제 조직을 지속적으로 구축하고 있다. 이 경제 조직은 그 자체 내에서 소비되는 거의 모든 부를 생산하며 이탈리아뿐 아니라 유럽에도 없어서는 안 되는 필수품을 많이 수출하고 있는, 자생적이고 자율적인 유형의 경제 조직이다.

　전국적으로 프롤레타리아 독재를 구현할 국가 조직의 모델을 탄생시키고 결정할 수 있는 것은 오로지 치밀하고 훈련된 이러한 공업과 농업 생산 체계——이는 전국을 정치적으로 지배하기 위해 자본주의로부터 잘 정비된 그런 체계다——뿐이다(졸리티Giovanni Giolitti[16] 현상은 기본적으로 이탈리아의 자본주의가 정부와 피에몬테 부르주아의 지배와 통치의 전통을 맹신한 결과일 뿐이다). 이탈리아 경제의 파멸 조건과 이탈리아의 자연에서 물려받은 빈곤성은 권력에 오른 프롤레타리아에게 좀 더 효율적이고 높은 생산성을 요구할 것이다. 따라서 이탈리아에서 프롤레타리아 독재는 공산주의를 수립할 때까지 국가를 발전시키고 통치하는 실제적 행동으로 간주되어야 한다. 다만 이는 노동자·농민 계급이 국가의 생산과 교환 기구들을 장악해 운영하는 견고한 노동자·농민 평의회 체제를 체계화하는 데 성공하고 이에 따라 경제적 책임 의식을 명확하게 획득하면서 노동자들에게 확고하고 주의 깊은 생산자로서의 의식을 부여한다는 전제에서만 가능하다.

곡물, 쌀, 감자, 밤, 포도주 등 생필품으로 사용되는 농작물이 많이 나고 자연력을 이용한 전기 에너지가 풍부하며 여러 분야(식품 산업, 섬유 산업, 의류 산업, 철강 산업, 건축 산업, 목재 산업, 고무 산업, 가죽 가공 산업, 화학 산업 등)의 산업이 잘 발달한 피에몬테 지역의 경제 체계로부터 노동자 계급은 전국적인 프롤레타리아 경제 국가 모델을 도출해낼 수 있다. 또한 이 체계로부터 전국에서 소비되는 것 이상의 물품을 생산하고 위대한 토리노 산업 장치로 역량을 집중함으로써 이탈리아를 세계 수출 국가로 만들 수 있다.

토리노와 피에몬테가 독특한 구조와 자본주의적 생산 방식으로 조직된 프롤레타리아의 응집성과 명확한 규정성을 갖춘 유형을 보이고 있었기 때문에 두 도시는 공산주의 혁명 과정과 노동자 국가의 창출 과정 그리고 자본주의 혁명 과정과 부르주아 국가의 창출 과정에서 수행했던 동일한 기능을 수행할 것을 요청받았다.

그러나 공산주의 혁명 과정에서 밀라노가 운동의 지렛대가 될 수도 있다. 부르주아 금융과 재정의 가장 강력하고 거대한 세력은 대부분 밀라노에 있다. 프롤레타리아는 그들이 (역사적으로) 하지 못했던 가장 어려운 경험들을 밀라노에서 해야 할 것이다. 자본의 이윤을 창출하는 이 거대한 공장은 부르주아 국가 그 자체이며 밀라노가 그들의 생활 중심지다. 밀라노에서 뻗어나간 수천, 아니 수백만의 가지들이 전국을 장악하기 시작했으며 이들이 노동자와 농민을 자본가의 금고(金庫)에 예속시키고 있는 것이다. 자본주의 독재는 밀라노를 근거지로 하는 강력한 상업적 금융 관련 기구들을 지배함으로써, 그리고 그 기구들을 프롤레타리아의 정치적·경제적 기구로 전환시킴으로써 오직 프롤레타리아에 의해 분쇄될 수 있을 것이다. 밀라노에서 공산주의 혁명은 이탈리아 공산주의 혁명 전체를 의미한다. 이는 밀라노가 부르주아 독재의 효율적인 수도이기 때문이다.

레조 에밀리아의 주간지《정의*Giustizia*》[17]는 반혁명적 목적에서《새로운 질서》12월 6일~12월 13일자에 와닌J. Wanin이 쓴 글의 일부를 재인용하고 논평했다. 거기에는 다음과 같이 씌어 있다. "몇 가지 예외를 제외하고(이러한 관점에서 매우 흥미로운 예외인데) 자본주의 국가들은 오늘날 매우 중앙 집중화된 국가 기구들을 소유하고 있기 때문에 이 국가들에서 정치적 혁명이란 다만 이러한 기구들의 해체로 이해될 정도다. 따라서 혁명은 이들을 굴복시킨다는 조건에 따라 수도에서만 실현되어야 한다."《정의》는 로마의 예외성에 관심을 보이는데, 이는 문제의 해답을 노동자들에게 알려주기 위해서일 뿐만 아니라 노동자들을 실망시키기 위해서, 다시 말해 "이탈리아의 수도인 로마는 산업 도시도 아니고 단결된 노동자들로 둘러싸인 도시도 아니기" 때문에 이탈리아의 혁명이 로마에서는 불가능하다는 사실을 확신시키기 위한 것이다. 그러나 사실 국가로서 이탈리아는 로마가 아니라 밀라노에서 해체되어야 한다. 이탈리아에서 진정한 자본주의 기구는 로마가 아니라 밀라노이기 때문이다. 로마는 행정 수도다. 로마에서 프롤레타리아 독재가 부르주아 경제 권력에 대항해 싸울 필요는 없겠지만, 행정 관료들의 사보타주에 대항해 투쟁할 필요는 있을 것이다.[식량과 필수품의 배급 제도와 무장 노동자들의 정예 부대는 행정 수도인 로마를 경제 수도인 로마로 전환하는 데 필요한 노동을 수행할 수 있는 필수 불가결한 안전과 일상적 행정 제도를 로마에서 소비에트 이탈리아 정부에 보장할 것이다.][18] 도시로서 로마는 이탈리아 사회 생활에서 아무런 역할도 하지 못하며 아무것도 대표하지 못한다. 로마는 국가에 빌붙어 사는 기생충들을 반대하는 노동자 국가라는 강력한 법을 곧 경험할 것이다.

5. 리보르노 전당 대회 [19]

리보르노 전당 대회는 이 시대 이탈리아인의 삶에서 가장 중요한 역사적 사건 중 하나가 될 운명이었다.[20] 리보르노에서 이탈리아 노동 계급이 자신들의 구성원들을 통해 자율적인 계급 정당을 형성할 능력을 지니고 있는가 하는 문제가 최종적으로 결정될 것이며, 4년간의 제국주의 전쟁과 지난 2

년간의 세계 생산력 고갈을 경험한 이탈리아 노동 계급이 자신들의 역사적 사명을 자각하도록 가치를 부여하는 문제가 분명하게 드러날 것이다.

노동 계급은 국민적 계급이면서 또한 국제적 계급이다. 노동 계급은 스스로 국가적 수준, 국제적 수준 모두에서 산업과 금융 자본주의의 멍에에서 자신을 해방시키려는 노동 대중의 투쟁의 선두에 서야 한다. 노동 계급의 국민적 과제는 이탈리아 자본주의와 이탈리아 자본주의의 공식적인 표현인 부르주아 국가, 이 둘의 발전 과정에 의해 결정된다. 이탈리아 자본주의는 다음과 같은 발전 노선을 좇아 권력을 획득했다. 이탈리아 자본주의는 농촌을 산업 도시에 예속시키고 중부와 남부 이탈리아를 북부의 지배 하에 두었다. 이탈리아 부르주아 국가에서 도시와 농촌 간의 문제는 단순히 대규모 산업 도시와 같은 지역과 그 도시에 직접 예속된 농촌 사이의 문제는 아니다. 그것은 국가 안에서의 한 지역과, 이 지역과는 너무나 동떨어진 채 세부적인 특징에 있어서 구별되는 다른 모습을 가진 지역 간의 문제를 함께 나타내고 있다. 자본주의는 이를 통해 지배와 착취를 수행한다. 즉 공장에서는 노동자들에게 직접 작용하고, 국가 안에서는 가난한 농민들과 반프롤레타리아들로 구성된 이탈리아 노동 민중을 포함해 보다 광범위한 계층들에 작용한다. 분명한 것은 산업 노동 계급이 자본가들과 은행가들의 손아귀에서 정치적·경제적 권력을 쟁취할 때에만 이탈리아의 국민적 삶의 중심 문제, 즉 남부 문제를 해결할 수 있다는 것이다. 산업 노동 계급만이 리소르지멘토와 함께 시작된 길고 험한 통일 작업의 마무리를 이끌 수 있다. 부르주아들은 영토의 측면에서 이탈리아 민중을 통일했다. 노동 계급은 부르주아의 작업을 종결하고 이탈리아 민중을 경제적·정신적으로 통일시켜야 하는 과제를 안고 있다. 이는 국가의 다른 생산력 부분에 대한 산업과 금융 자본주의의 위계적 지배 위에 건설된 부르주아 국가에서 실현된 여러 장치들을 분쇄함으로써 나타날 수 있다. 이러한 국가 전복은 자본주의에 직접 예속된 산업 노동 계급의 혁명적 노력 때문에 나타나는 것이 아니며, 국가의 다른 모든 생산력에 대한 산업과 금융 자본주의 지배 체계를 구성하는 수많은 조직체들이 많이 존재하고 있는 밀라노, 토리노, 볼로냐 등의 대도시에서 발생하는 것도 아니다. 이탈리아에서는 이탈리아만의 정치적·경제적 구조가 가진 독특한 외형 때문에, 산업 노동 계급이 자신들을 해방시킨 뒤 다른 피억압 계급과 피착취 계급을 해방시키지 않는다면, 또 그 밖의 다른 계급들이 아무리 격심한 고난이나 잔인한 시련이 있더라도 산업 노동 계급과 긴밀하게 동맹하고 이 동맹을 유지하지 않는다면 결코 자기 해방을 성취할 수 없으리라는 사실 역시 분명하다. 리보르노에서 있을 공산주의자들과 개량주의자들 사이의 단절이 중요한 의미를 갖는 것은 바로 이 때문이다. 즉 혁명적 산업 노동 계급은 국가 기생주의 안에서 타락해버린 사회주의의 경향들과 절연할 것이다. 혁명적 산업 노동 계급은 프롤레타리아 귀족주의를 창조하기 위해 남부에 대한 북부의 우월한 지위를 이용해 이득을 취하려는 경향에서 떨어져 나와야 한다. 프롤레타리아 귀족 정치란, 부르주아 보호 무역주의 관세 제도에 밀착해 협동조합적인 보호 무역주의를 수립했으며 노동 대중 대부분의 지원으로 노동 계급을 해방시킬 수 있을 것이라고 믿었던 현상을 말한다. 이것은 국가의 다른 생산력에 대한 산업 및 금융 자본주의 지배의 합법적인 형태다. 개량주의자들은 레조 에밀리아의 사회주의가 모범적이라고 말한다. 그들은 우리로 하여금 이탈리아 전체와 전 세계가 하나의 거대한 레조 에밀리아가 될 수 있을 것이라고 믿게 하고 싶어한다. 혁명적 노동 계급은 이러한 기만적 사회주의 형태를 거부하리라고 나는 확신한다. 노동자 해방은 의회의 타협과 행정적인 협박을 통해 얻어지는, 프롤레타리아 귀족주의를 위한 특권의 타파를 통해서는 도래하지 않는다. 노동자 해방은 오직 북부의 산업 노동자들과 남부의 가난한 농민들의 연합을 통해서만 보장될 수 있다. 이 연합은 부르주아 국가 기구를 분쇄할 것이고, 노동자와 농민의 국가를 건설할 것이며, 농업에 필요한 산업 생산의 새로운 제도를 건설할 것이고, 이탈리아의 후진적 농업을 산업화하고 노동 대중의 이익을 위해 국가의 복지 수준을 끌어올리는 데 사용될 산업 생산의 새로운 기구를 건설할 것이다.

이탈리아 노동자들의 혁명과 전 세계인의 생활 속으로의 이탈리아 노동 대중의 참여는 단지 세계 혁명의 맥락에서만 증명될 수 있다. 세계 노동자 정부의 씨앗은 이미 코민테른 제2차 대회에서 수립된 공산주의 인터내셔널 집행 위원회 내에 존재한다. 리보르노에서 사회당에서 분당한 이탈리아 노동 계급의 전위로서의 공산주의 분파는 자신들이 노동 계급의 첫 번째 세계 정부에 대한 필수적이고 피할 수 없는 규율이 됨과 동시에 노동 계급의 믿음이 되리라는 것을 확신할 것이다. 이 문제는 반드시 전당 대회의 핵심 의제가 될 것이다. 이탈리아 노동 계급은 다른 모든 나라의 노동 계급이 최대한 규율을 받아들이고 지키기를 바라기 때문에 그들 스스로도 최대한 규율을 받아들일 것이다.

이탈리아 노동 계급은 같은 목표를 향해 결집된, 전 세계에 걸친 혁명적 세력의 체계가 존재하지 않을 경우 자신뿐 아니라 자본주의에 의해 억압받고 착취당하는 다른 계급들 역시 해방시킬 수 없음을 알고 있다. 이탈리아 노동 계급은 다른 나라의 노동 계급이 자신들을 도와줄 것이라는 확실한 보장을 원한다. 이러한 보장은 오직 강력하게 중앙집권화된 국제 권력의 존재를 통해서만 가능하다. 이러한 국제 권력은 모든 구성원의 충실한 믿음을 확보할 수 있다. 이 권력은 자본주의의 세계적 권력이 부르주아 고유의 입장에서 부르주아의 이익 안에서 이룩할 수 있는 동일한 속도와 정확성을 확보하는 동시에 자신의 영향력을 동원할 정도의 권력을 말한다.

따라서 현재 사회당을 괴롭히고 있는, 이제 리보르노 전당 대회에서 결정될 문제들이 단순히 당내 문제나 개인 사이의 갈등만이 아니라는 것은 분명해 보인다. 리보르노에서 토론될 것은 이탈리아 노동 대중의 운명이다. 이탈리아 민중의 새로운 시대가 거기서 시작될 것이다.

6. 메초조르노와 파시즘[21]

근래 이탈리아 정치 투쟁에서 중요한 사건 중 하나는 국가-정부와 이탈리아 남부 사이의 관계를 해결하려는 파시스트당의 시도다.

메초조르노[22]는 입헌주의 반대파의 핵심적 문제가 되었다. 메초조르노는 일련의 입헌주의적이고 의회주의적인 형식 민주주의의 입장으로 자신을 감싸고 신분을 숨긴 채, 다시 한번 국가의 나머지 부분들과의 '지역적' 차이를 드러내는 동시에 오래된 억압과 고대적 착취의 강화를 의미할 뿐인, 과도하게 확장된 통일 국가로의 불가항력적 편입에 거부 의사를 밝혔다. 설령 파시스트 국민당이 그러한 양보의 필요성을 느낀 것이 단지 파시즘 광신자들인 오를란도Vittorio Emmanuele Orlando[23]나 데 니콜라Enrico De Niccola[24] 같은 사람들의 운동을 저지하기 위한 것이었을지라도, 이들의 이와 같은 양보는 어느 정도 중요한 가치와 의미를 갖는다. 그러나 이는 무솔리니가 이전의 다른 어떤 상황보다도 더욱 어렵고 복잡한 새로운 상황에서 졸리티 식의 전술을 적용한 것에 지나지 않는다. 이 상황은 적어도 부분적으로 다시 자각하고 공공 생활에 참여하기 시작한 몇몇 국민들에 의해 시작되었다. 이 시기는 이민의 감소가 '지역적' 문제가 될 수 있는 계급 문제로 성격이 바뀌어 대단히 폭력적 형태로 상정되던 때였다. 주(州)에서 자본주의는 마치 이국적인 것처럼 소개되었고, 자본주의 이익을 지배하는 정부 역시 이국적인 것으로서 등장했기 때문이다.

많은 동지들은 이탈리아 북부에서 발간되는 두 개의 거대한 신문인《코리에레 델라 세라Corriere della sera》와《스탐파》가 파시즘에 반대하는 입장의 이유에 대해 곧잘 놀라움에 차 자문하곤 한다. 이 두 신문이 원하던 바로 그 상황을 파시즘이 창출한 것이 아닌가? 두 신문이야말로 1920년에서 1921년의 2년 동안 파시즘의 승리에 지대하게 기여하지 않았던가? 지금 이들은 어째서 혼란을 유포하고 프티부르주아 대중에게 '자유의 이상'을 제시하면서 다른 방향으로 노력하는 것일까? 다시 말해 왜 파시즘으로부터 그들의 대중적 기반을 빼

앉고 그들이 딛고 있는 지반을 허물기 위해 노력하는가?

《코리에레 델라 세라》와 《스탐파》가 대중의 정서에 부합되는 주제들을 고수함으로써 단지 구독자들과 독자의 외연을 유지하고 확대하려 하는 '순수한' 신문이 아님은 분명하다. 만약 그런 순수한 신문이었다면 그때 이 두 신문은 파시스트의 무력과 지급되는 배급 물자들 그리고 새로운 주인에게 충성하는 편집자들에 의한 '점령'을 미리 알 수 있었을 것이다. 《코리에레 델라 세라》와 《스탐파》는 점거되지도 않았고 또한 점거되도록 방치되지도 않았는데, 그러한 상황을 가능하게 하는 세 가지 범주의 국가 '제도'가 존재했기 때문이다. 그 제도는 군대의 참모진, 은행——특히 무소불위의 독점적 지위를 행사하는 상업 은행——그리고 산업 총연맹이다.

《코리에레 델라 세라》와 《스탐파》는 전통적으로 이러한 제도의 대변자들이며, 이 국가 제도들의 정당이다. 다소 좌익적인 《스탐파》는 파시즘의 가능성 있는 계승자로서 급진적 사회주의 정부 문제를 지금 공공연하게 논의하고 있으며 이탈리아에서 나타나는 맥도널드 내각[25] 식의 시도에 전혀 반대하지 않을 것이다. 《스탐파》는 남부의 위험을 인식했고 노동자 관료층을 북부 피에몬테 정부의 헤게모니 체계 안으로 끌어들이면서 그러한 위험 요소를 해결하려고 했다. 또한 이는 전국적인 수준에서 남부의 혁명 세력들이 좌절함으로써 결코 혼자서는 자본주의를 전복할 수 없는 남부의 농민 대중과, 착취자들과의 타협으로 치욕적인 제휴에 속박되어 있는 북부 노동 계급 간의 동맹이 불가능하게 되었다는 사실을 확인해주는 것이었다.

《코리에레 델라 세라》는 이러한 상황에 대해 좀 더 통일적이고 이른바 이탈리아적인, 다시 말해 공업적이라기보다는 상업적·무역적인 관점이 강한 인식을 갖고 있다.《코리에레 델라 세라》는 최초의 남부 출신 정부 수반인 살란드라Antonio Salandra[26]와 니티Francesco Saverio Nitti[27]를 지지했다(시칠리아 출신의 정부 수반들은 남부가 아니라 시칠리아를 대표한다. 시칠리아 문제는 남부 문제와는 매우 다르기 때문이다).《스탐파》와 마찬가지로 《코리에레 델라 세라》는 독일보다는 연합국을 지지했다. 또한 《코리에레 델라 세라》는 《스탐파》와 마찬가지로 졸리티 정부의 선거 때만 국한되지 않고 일관되게 자유무역주의 성향을 주장했다. 《스탐파》처럼 《코리에레 델라 세라》 역시 전쟁 동안 국가 기구가 졸리티의 사적 집단 성향을 가진 관료들의 손에서 살란드라의 풀리아[28] 동포들의 손으로 넘어가는 것을 우려하지 않았다.《코리에레 델라 세라》는 좀 더 보수적인 성격을 띠었다. 이 신문은 개량주의자들과의 연합을 지지할 가능성이 많지만, 이 경우에도 카우디오 산(山)[29] 아래에서 그들의 양도를 받아낸 뒤에야 그들에 대한 지지가 가능했다.《코리에레 델라 세라》는 아멘돌라Giovanni Amendola[30] 정부를 원한다. 즉 북부 노동자 귀족층이 아니라 프티부르주아가 공식적으로 실제 권력 체계의 일부로 편입되기를 원한다.《코리에레 델라 세라》는《스탐파》가 선호하는 것과 마찬가지로 바돌리오Pietro Badoglio[31]가 아니라 카르도나Luigi Cardona[32]의 군사적 지도력을 원한다. 또한 이탈리아적인 브리앙Aristide Briand[33]이 아니라 이탈리아적인 푸앵카레Raymond Poincaré[34]를 정치 분야에서 지도자로 삼는 이탈리아식 농촌 민주주의를 원한다.《코리에레 델라 세라》는《스탐파》와 마찬가지로 1890년대와 같은 시기——남부 농민들의 봉기가 공업 도시들에서의 노동자 봉기와 자연스럽게 결합되었던 시기——, 즉 농민들의 결사체였던 시칠리아 파쇼Fasci Siciliani가 1898년의 밀라노 폭동에 때를 맞춰 시칠리아에서 봉기를 일으켰던 시기가 또 한번 오는 것을 두려워하지 않는다.《코리에레 델라 세라》는 자연의 순리대로 등장하는 세력과 바바 베카리스Bava Beccaris[35]의 대포에 대한 믿음을 갖고 있다.《스탐파》는 농민들의 반란을 잠재우고 점거된 공장을 일소하기 위해 대포보다는 투라티Filippo Turati,[36] 다라고나Ludovico D'Aragona,[37] 모딜리아니Giuseppe Emmanuele Modigliani[38]가 더 믿음직한 무기라고 생각한다.

파시즘은《코리에레 델라 세라》와《스탐파》의 정확하고 유기적인 개념에 반대되는, 순전히 기계적이고 우스꽝스러우며 엉거주춤한 기준과 논의들을 유지해왔다. 파시스트들은 레조 협동조합주의, 프람폴리니Camillo Prampolini[39]의 복

음주의 등으로 알려진 노동자보호주의 체계를 파괴한 책임
자다. 파시즘은 자본가들에게 쏟아 부어야 할 농민 대중의
증오를 노동자들에게 돌리기 위해 민주주의자에게서 가장
강력한 무기를 빼앗았다. 적색 기생주의는 더 이상 존재하
지 않지만 이에 대한 남부의 여러 조건들은 나아지지 않았
다. 적색 기생주의는 민족주의적 기생주의로 대체되었다. 남
부 농민들이 파시즘을 그들을 억압하고 착취했던 실체로 모
든 이들이 한결같이 지적하고 있는 분석들을 발견하고 있다
는 것을 어떻게 피할 것인가? 에밀리아 로마냐 개혁주의라
는 카드로 만든 성이 무너지자 반(反)노동자적 감정의 술기
운이 떨어진 친위대는 해산될 수밖에 없었다. 산업가들은 무
솔리니를 돕기 위해 무엇인가를 했다. 1923년 6월의 산업 총
연맹 모임에서 회장인 벤니Benni는 다음과 같이 이야기했다.
"남부를 위해 우리가 착수했던 길고도 종합적인 계획이 분명
히 성공적인 결과로 완수될 것임을 확신한다. 우리는 몇 가
지 실제적 행동을 통해 우리의 기여가 건전한 경제적 부흥의
초기 징후들이 이미 나타나기 시작하는 남부와 여러 섬들의
재생으로 이어질 수 있기를 간절히 희망한다. 그것은 단순한
과업이 아니지만, 산업가 계급이 헌신해야 할 필요가 있는
과업이다. 이는 경제적 이해 관계의 기반 위에서 국가 구조
가 보다 통일을 이루도록 기여할 모든 사람들의 이해가 걸린
문제이기 때문이다." 산업가들은 미사여구를 동원해 무솔리

니를 도왔지만, 곧 더욱더 노골적인 행동이 뒤따랐다. 살레르노 지역의 면직 회사들은 탈취되었고, 고철로 위장된 모든 기계는 롬바르디아의 섬유 공단으로 옮겨졌다.

남부 문제는 부패와 총칼을 통해 일시적이고 임시변통적인 방법으로 부르주아에 의해 해결되고 있을 뿐이다. 파시즘은 상황을 과장했지만 그와 함께 상황은 더욱 명확해졌다. 모든 영역에서, 그리고 가능한 모든 정치적 결과들 때문에 문제가 명확하게 상정되지 못했다는 것은 노동 계급의 행동을 방해하고, 1919년에서 1920년 사이에 발생한 혁명의 실패에 큰 영향을 미쳤다.

오늘날 이 문제는 당시보다 더욱 복잡하고 어려워졌지만 여전히 우리나라의 모든 혁명이——성공하기를 원하는 모든 혁명이——직면한 중심 문제로 남아 있다. 따라서 우리는 용기와 결의를 갖고 이 문제를 상정해야 한다. 현존하는 프롤레타리아 세력이 잠시 동안 침체를 보이는 현 상황에서 남부 농민 대중은 혁명 전선에서 막대한 중요성을 갖는다. 프롤레타리아가 정치 정당을 통해 메초조르노에서 동맹 체계를 창출하는 데 성공하거나, 아니면 농민 대중 스스로가 자신들의 지역에서 정치 지도자를 찾게 될 것이다. 다시 말해 그들은 반(反)혁명의 보급 창고가 됨으로써, 그리고 북부의 순수한 산업 혁명(공업 노동자들만의 혁명)이 발생할 경우 분리주의에 의지하거나 외국 군대에 호소함으로써 아멘돌라

주의를 따르는 프티부르주아의 손아귀에 스스로를 내맡길 것이다. 따라서 노동자와 농민의 정부라는 정언 명령은 메초조르노에 관한 한 특별히 고려되어야 할 것이다. 남부 농민들의 문제가 자본주의 체제에 유기적으로 종속되는 경제적 총합 안에서 도시와 농촌 지역 간의 관계라는 좀 더 일반적인 문제와 혼동되어서는 안 된다. 남부 문제는 또한 지역적인 문제이며, 이러한 관점에서 노동자와 농민의 정부가 대중에게서 광범위한 지지를 얻을 수 있는 강령을 수립하기 위해 검토되어야 하는 문제다.

7. 이탈리아 상황에 대한 연구[40]

이탈리아의 정치 상황과 관련해 연구해야 할 세 가지 요소가 있다.

1) 긍정적인 혁명적 요소로서, 통일 전선 전술에 의해 실현된 과정들. 프롤레타리아 통일 위원회 조직의 현재 상황과 이 위원회의 공산주의 분파의 임무.

2) 파시스트 부르주아와 소농 블록의 해체로 대표되는 정치적 요소. 지배 정당의 내부 상황과 그들이 겪고 있는 위기의 의미.

3) 공화당을 축으로 하는 좌익 민주주의 블록을 건설하려

는 경향으로 대표되는 정치적 요소. 공화주의적 입장이 이러한 민주적 연합의 기반을 제공하는 것으로 보인다는 점에서.

첫 번째 요소에 대한 연구는 제3차 전당 대회에서 결정된 정치 노선의 적절성 여부를 검증하기 위한 목적에서 실시되어야 한다. 우리 당의 제3차 전당 대회의 핵심적 특징은, 이 대회가 노동 계급 내에서의 공산당의 지도적 역할과 이탈리아 노동 인구 내에서의 노동 계급의 지도적 역할을 수립할 필요성을 일반적인 차원에서 제기했을 뿐만 아니라 이러한 지도적 역할을 수립할 수 있는 수단이 되는 정치적 요소들을 실천적으로 구체화하려 했다는 것이다. 다시 말해 전당 대회는, 부르주아와 프티부르주아가 노동 계급에 영향력을 행사하는 수단으로 작용하는 것이자 계급적 가치들을 전복하고 전개하는 매개체인 정당과 협회들을 개별화해 나누고자 했다. 따라서 이제 결과적으로 우리는 통일 전선 전술에 의한 행동으로 상정된 세력들의 즉각적인 재결집에 가장 적합한 조직 영역으로서 선동 위원회를 선정한 당의 결정이 과연 옳았는지를 검증해보아야 한다.

긍정적인 측면에서 우리 당은 노동자 대중 사이에서 정치적 지도력의 명확한 위상을 확보하는 데 성공했다고 이야기할 수 있다. 최근에 이탈리아 민중을 통제하는 정당들의 모든 기관지들은 우리 당이 이룬 행동에 반대하는 논박을 가득 쏟아냈다. 이 정당들은 모두 우리의 행동에 대해 방어적인 입장에 있다. 그러나 실제로 그들은 간접적으로 우리에게 끌려 다니고 있다. 왜냐하면 적어도 그들의 활동 중 거의 60퍼센트가 우리의 공격에 대응하는 데 할애되거나, 우리의 영향력에서 멀어지게 하기 위한 미끼로서 자신들의 대중적 지지 기반에 일정한 만족을 제공하는 데 투여되고 있기 때문이다.

파시스트 정치에 의한 대표적인 억압과 통제 상황에서 우리 전술의 결과가 다수 대중의 수준에서 통계적으로 측정될 수는 없다. 그럼에도 불구하고 민주주의 정당이나 사민주의 정당들 내의 특정한 요소들이 이동했을 때에는, 비록 단지 아주 조금만 공산주의자에 의해 구획된 전술 영역으로 이동한 것이라 할지라도 이러한 이동이 우연일 수밖에 없으며 단지 개인적 의미일 수밖에 없음을 부정할 수 없다. 실제로 이 문제는 다음과 같이 나타날 수 있다. 모든 정당, 특히 조직적 구조가 매우 느슨한 민주주의 정당이나 사민주의 정당에는 세 가지 층위가 있다. 수적으로 가장 적은 사람들로 구성되는 상층부는 일반적으로 의회 의원과 지식인들로 구성되며 종종 지배 계급과 긴밀히 연계된다. 노동자와 농민과 도시 프티부르주아 성원들로 구성된 하위 계층. 이들은 정당 구성원인 일반 대중이나 정당에 영향을 받는 계층이라고 할 수 있다. 그리고 현재와 같은 상황에서는 평상시의 환경보다 훨씬 중요하기까지 한 매개적 계층이 중요하다. 이 계층은 종종 이러한 정당들에서 거의 유일하게 활동적이고 정치적으로 살아 있는 계층을 대표한다. 상위 지도 그룹과 일반 대중 및 동조자 사이의 연결을 유지하는 것이 이 매개적 계층이다. 당 지도자들이 여러 정당의 미래를 혁신하는 것과 폭넓은 기반 위에서 재건을 기대하는 것 역시 이들 중간 계층이 견고하기 때문이다. 따라서 통일 전선에 우호적인 운동의 영향이 감지되는 것도 다양한 대중 정당의 이러한 특성을 갖는 중간 계층에서 두드러진다. 이 중간 계층에서는 낡은 이데올로기와 정치적 강령의 해체라는 분자적 현상이 확인되며 통일 전선 영역에서 새로운 정치적 형성의 최초 움직임들이 나타난다. 특정한 공장들이나 도시의 주민들에 광범위한 영향력을 행사하는 구래의 개량주의 노동자나 최대 강령주의 노동자들과, 마을과 작은 부락에서 시골 세계의 가장 선진적인 인물을 대표하는 농민적 요소들이야말로 실질적인 지도나 조언을 받기 위해 농민들이 체계적으로 의뢰하게 되는 대표적 사람들인 것이다. 좌파 가톨릭 운동의 대표자들로서, 그들의 겸손함으로 평가될 수도 없고 그래서도 안 되며 오직 농민들이 따르는 데 익숙해진 당의 노선 경향으로 인해 지방에 나타나는 사실에 따라 평가되어야 하는 도시의 소지식인들이야말로 바로 우리 당이 영향력을 증대하기 위해 주목하는 요소다. 이 정치적 구성원들은 개별적 이동에 의해, 종종 보이는 것보다 훨씬 급진적인 기층 수준에서 나타나는 움직임에 대한 확실한 지표라고 할 수 있다.

통일 전선을 위한 활동에서는 우리의 청년 조직이 수행하는 역할에 특별한 관심을 기울여야 한다. 따라서 청년 조직의 활동에는 당에 허용되는 유연성보다 훨씬 더 많은 유연성이 허용되어야 한다는 것을 명심할 필요가 있다. 당은 노동 계급의 행동을 통일하고 노동자와 농민 간의 동맹을 만들려는 통일 전선의 기반 위에서 다른 정치 그룹들과 융합하거나 새로운 성원을 충원할 수 없으며, 또한 그것이 당 구성의 기반일 수 없다는 것은 명백하다. 한편 청년 공산주의자들에게 이것은 조금 다른 문제가 될 수 있다. 청년 공산주의자들은 그 성격 때문에 당 구성의 기초 단계를 대표하게 된다. 청년 운동에 참여한다는 사실은 단어적인 의미에서 이미 공산주의자라는 것을 요구하고 있는 것일 뿐만 아니라 투쟁하려하고 공산주의자가 되려 하는 의지를 가지고 있다는 것을 뜻한다. 따라서 이 점은 청년 공산주의자들에게 적합한 전술을 보다 명료하게 규정하기 위해 일반적으로 참조해야 할 기준으로 사용되어야 한다. 역사적으로 중요하기 때문에 더 많이 고려해야 하는 요소는 다음과 같다. 최대 강령주의자, 개량주의자, 공화주의자, 인민당 당원, 사르데냐주의자, 남부 민주주의자가 프롤레타리아 통일 전선의 강령과 노동자와 농민의 동맹 강령을 지지한다는 사실은 확실히 중요하다. 더욱 중요한 것은 가톨릭 행동주의Azione cattolica[41]의 한 회원이 그러한 프로그램을 지지한다는 것이다. 사실 반대파 당들은 부적절하고 거친 방식일지라도 인민 대중과 파시즘 사이에 거리를 만들어내고 유지하려는 경향이 있다. 반면 가톨릭 행동주의는 오늘날 파시즘 통합파를 대표한다. 즉 그들은 파시즘에 대한 폭넓은 대중적 지지를 획득하기 위해 종교적 이데올로기를 사용하려 한다. 어떤 의미에서는 실제로 파시스트 당 내부의 매우 강력한 경향(페데르초니Luigi Federzoni,[42] 로코Rocco 등)의 의도는, 파시스트 당 자체를 대중 정당으로 기능하는 정당과 대중에 대한 정치적 통제를 위한 조직체로 기능하는 정당으로 대체하려는 것이다. 따라서 우리 당의 모든 성공이 가톨릭 행동주의 전선에 국한되었을지라도 이 성공은 프롤레타리아의 주도권이 완전히 막힌 것 같은 부분에서 역시 우리가 파시스트 정치의 전개를 어떻게든 막아냈음을 의미한다.

이 점에 대해 결론적으로 말할 경우 우리는 제3차 전당 대회의 정치 노선이 올바른 것으로 확인되었고 통일 전선을 위한 우리의 행동에 대한 손익 계산서가 매우 긍정적이라고 단정할 수 있다.

우리가 실질적으로 계급 노조 내에서 차지하고 있는 위치라는 측면뿐 아니라 우리가 수행해야 할 실제 노조 활동이라는 측면에서, 그리고 회사에 대한 우리의 위상이라는 측면에서 모두 노조 활동에 대해서는 특징들의 요점이 정의되어야 한다.

두 번째 요점에서는 파시스트 부르주아와 소농 블록의 내부 상황과 파시스트 조직이라 할 수 있는 조직의 내부 상황을 정확하게 규정하는 것이 필수적이다.

파시즘의 두 가지 경향

한편 페데르초니, 로코, 볼피Giuseppe Volpi[43]가 이끄는 또 다른 경향은 '로마 행진'[44]에 뒤이은 시기를 포함해 발생한 사건들을 종합하여 결론을 이끌어내려고 한다. 이 경향은 정치적 조직으로서의 파시스트당을 청산하고, 파시즘이 다른 모든 당에 대한 투쟁을 통해 창출한 부르주아 세력의 위상을 국가 기구로 정형화하려고 한다. 그리고 이들은 왕권과 왕권의 참모단과 협의하는 경향을 보인다. 이 경향은 한편으로 사보이 왕가와 바티칸 사이의 불화를 실질적으로, 그리고 가능한 한 공식적으로 종식시키면서[45] 가톨릭 행동주의, 즉 바티칸을 국가의 중심 세력으로 구체화하려는 태도를 취한다. 그리고 다른 한편으로 이전의 아벤티노Aventino[46] 그룹 중에서 좀 더 온건한 세력들을 국가의 중심 세력으로 통합하려 한다. 파시즘이 낡은 이탈리아 민족주의의 과거와 전통을 이용하면서 민족주의자들의 지원 속에서 가톨릭 행동주의에 영향을 미치고 있는 반면, 사보이 왕가는 디 체사로Colonna Di Cesaro[47]와 아멘돌라 그룹의 성원들을 정부의 영역으로 끌어들이기 위해 다시 한번 그 전통을 활용하려는 것이 확실하다.

또 한 가지 경향은 파리나치Roberto Farinazzi에 의해 공식적으로 구체화된다. 객관적으로 이는 파시즘 내의 두 가지 모순을 대표한다. 1) 우선 토지 소유자와 자본가들을 둘러싸고 관세에 대한 이해가 충돌하는 모순이다. 현재 파시즘이 국가 내에서 금융 자본——국가의 모든 생산력을 종속시키는 자본——의 명백한 지배적 위치를 전형적으로 대변하는 것은 분명하다. 2) 둘째, 가장 중요한 모순은 프티부르주아와 자본주의 사이의 모순이다. 파시스트 프티부르주아는 당을 자신들의 방어 수단으로, 의회 세력으로 그리고 민주주의의 형태로 간주한다. 이들은 당을 통해 정부에 압력을 가함으로써 자신들이 자본주의에 의해 분쇄되는 것을 막으려 한다. 반드시 염두에 두어야 할 한 가지 요소는 총체적으로 이탈리아가 파시스트 정부에 의해 미국을 지향하는 식민지 상태로 종속되어 있다는 사실일 것이다. 미국과 영국에 갚아야 할 전쟁 부채를 청산하는 과정에서 파시스트 정부는 이탈리아 채무의 시장성에 대해 아무런 보장도 받을 수 없다는 사실을 걱정하지 않았다. 이탈리아의 주식과 재정은 언제나 미국과 영국 정부의 정치적 착취에 노출되었고, 언제든지 이탈리아 통화의 막대한 양이 국제 시장으로 유출될 수 있었다. 더욱이 모건 부채는 훨씬 나쁜 조건으로 계약이 체결되었다.[48] 이탈리아 정부는 1억 달러의 차관 중 단지 3,300만 달러만을 마음대로 사용할 수 있었다. 이탈리아 정부는 모건의 개인적인 동의가 있을 때에만 나머지 6,700만 달러를 사용할 수 있었던 것이다. 이는 이탈리아의 실질적인 정부 수반이 바로 모건이라는 사실을 의미한다. 이러한 요소들은, 파시스트당을 통해 자신의 이해를 방어하려는 프티부르주아에게 다음과 같은 구실을 제공해주었다. 즉 아주 오래된 민족주의에 반대하고 국민 주권과 국가의 정치적 독립을 유력한 소수 집단 몇몇의 이익을 위해 희생시켰던 당의 현재 지도 방향에 반대하는 민족주의적 주장과 같은 것으로 이용할 구실을 제공해주었던 것이다. 이와 관련해 우리 당의 임무는 파시스트 계파 사이에서 정치적 주도권을 확보하는 수단으로서 유럽 소비에트 연방의 정언 명령을 특별한 방식으로 강조하는 것이 되어야 한다.

일반적으로 파시스트당에서 진행되고 있는 파리나치 경향은 통일성, 조직화, 일반 원칙에 대한 요소들이 부족하다고 말할 수 있다. 바로 이것은 진정한 경향이라기보다 확산되어 있는 일종의 정신 상태다. 정부에게는 이러한 구성적 핵심 요소들을 해체하는 것이 그리 어렵지 않을 것이다. 우리의 시각에서 보다 중요한 것은, 이러한 위기가 파시스트 농업 부르주아 연합으로부터 소부르주아의 이탈로 대표되고 있다는 점에서 파시즘의 군사적 약화 요소일 수밖에 없다는 점이다.

전반적인 경제 위기는 정치 위기의 근본 요인이다. 이러한 위기를 구성하는 요소들에 대한 연구가 필요한데, 이들 중 어떤 것은 전반적인 이탈리아의 상황에 내재되어 있고 프롤레타리아 독재 시기에도 부정적으로 작용할 것이기 때문이다. 이 근본적인 요소들은 다음과 같이 정리할 수 있다. 이탈리아의 무역 수지에서 전통적으로 이익을 창출했던 세 가지 요소 가운데 두 가지——이민자들의 송금과 관광 산업——가 붕괴했다. 세 번째 요소인 수출은 위기를 맞고 있다. 두 가지 부정적 요소(이민자들의 송금과 관광 산업)와 세 번째 부분적인 요소(수출)에다가 흉작으로 인한 다량의 곡물 수입의 필요성이 더해질 경우 앞으로 몇 달간은 비극적인 파국을 맞게 된다는 전망이 나올 것이 분명하다. 정부와 지배 계급의 무능을 이해하는 데 이 네 가지 요소가 전제되어야 한다. 확실히 이민자들의 송금을 증대시키고(볼피 재무장관의 후임자로 예상되는 추촐리Giuseppe Zuccioli가 제안한 계획을 생각해볼 것) 관광 산업을 부양하기 위해 정부가 할 수 있는 일은 거의 없지만 수출을 증대시키기 위해 할 수 있는 일은 있다. 어쨌든 이 같은 의미에서 상처를 치유하지는 못하더라도 적어도 피를 멈추게 할 수 있는 주요 정책은 계획할 수 있다. 어떤 이들은 통화 팽창주의 정책에 기반을 둔 노동 정책의 가능성을 예상하고 있다. 당연히 이러한 가능성이 전적으로 배제되지는 않는다. 다만 1) 그러한 정책의 결과는 경제 영역에서 상대적으로 아주 미미하리라 예상할 수 있다. 2) 그러나 이에 반해 정치 영역에서는 그 결과가 파멸적일 수 있다는 점을 고려해야 할 것이다. 실제로 다음의 요소를 염두에 두어야 한다.

1) 수출은 이탈리아 무역 수지에서 최대한 3분의 2 정도인 대변(貸邊) 부분을 나타내고 있을 뿐이다. 2) 적자를 해소하기 위해서는 현존하는 생산 기반에서 최대한의 수익을 창출해야 할 뿐만 아니라 외국에서 새 기계를 구입해 생산 기반 자체를 확장하는 정책이 필연적으로 요구되는데, 이는 무역 적자를 훨씬 증가시킬 가능성이 있다. 3) 이탈리아 산업에 필요한 원료는 해외에서 수입하며 경화(硬貨)로 지불해야 한다. 이는 대규모의 생산 증대가 장기적으로 원료 구매를 위한 막대한 양의 유동 자본을 요구하게 된다는 사실을 의미하기 때문이다. 4) 일반적 현상으로서의 파시즘이 이탈리아 노동 계급의 임금과 봉급을 최소 수준에서 유지하는 정책을 취했다는 점을 염두에 두어야 한다. 고임금 국가에서 인플레이션은 노동 계급의 생활 수준을 떨어뜨리므로 부르주아에게 파시즘은 다시 도약할 수 있는 탄력성을 부여하기 위한 새로운 대안으로 이해될 수 있다. 그러나 노동 계급의 생활 수준이 이미 기아에 허덕일 정도의 밑바닥에 이른 이탈리아에서 인플레이션은 아무런 의미를 가질 수 없다.

경제 위기의 요소들 중에는 다음과 같은 것들이 있다. 의결권 우선주 제도를 채택하고 있는 주식회사라는 새로운 조직체는 프티부르주아와 자본주의 사이를 갈라놓는 균열 요소 중 하나다. 또한 최근에 증명되고 있는 각 수준 간의 불균형, 다시 말해 소수의 주주들에게 집중되는 주식회사의 총자본과 국민 총저축 사이에 나타나는 불균형 요소 등의 불균형은 저축의 원천이 어떻게 소진되고 있는지를 보여준다. 이러한 불균형은 실질 소득이 더 이상 생필품 구입과 같은 기본 생활을 유지하는 데 충분하지 않다는 것을 보여주기 때문이다.

세 번째의 정치적 요소에 대해 알아보자. 민주주의 진영에서 과거보다 훨씬 급진적인 성격을 띤 일종의 결집이 일어나고 있다. 공화주의 이데올로기는 훨씬 강화되고 있다. 이는 통일 전선 전술에서 이미 우리가 살펴본 것과 같은 의미에서 이해되는 것으로, 민주주의 정당들의 중간 계층과 상위 계층의 다수에서 이 같은 공화주의 이데올로기가 강화되고 있다.

기존 아벤티노 그룹의 늙은 지도자들은 왕실과의 만남을 재개하기 위한 초대를 거절해버렸다. 아멘돌라 역시 말년에 완벽하게 공화주의자가 될 수 있었을 것이며 이러한 흐름에서 개인적인 공화주의에 대해 선전했을 것이라고 이야기된다. 인민당원들[49] 역시 이념적으로 공화주의적 경향을 보였을 것이라고 이야기된다. 공화주의 진영은 반동적 성향의 우파와 공산주의적 성향의 좌파에 반대해 독재 정권을 건설하고 파시스트 정권에 재앙이 닥치는 순간 권력을 잡을 수 있도록 신(新)민주주의 세력을 결집하기 위해 아주 많은 노력을 기울였다. 공화주의적 민주주의에 대한 이 같은 각성은 분명히 폴란드의 필수드스키Józef Klemens Pilsudski[50] 정권 수립과 프랑스 좌파 연정 말기에 발생한 소요 사태[51] 같은 유럽에서 최근에 발생한 사건들에 기인한 것이다. 우리 당은 국가적 문제를 예상해 일반적인 문제들을 상정해야 한다. 여기서 이와 관련된 다음과 같은 요소들이 규정될 수 있다. 설사 정치적으로 파시즘을 프롤레타리아 독재의 계승자로 인정할 수 있다손 치더라도──이미 존재하고 있는 관계들이 파괴되는 순간에는 정치적 무대의 어떤 정당이나 중도 연합체도 이들을 폭력적으로 붕괴시킬 만한 노동자 계급의 경제적 요구에 최소한의 만족도 줄 수 없을 정도이기 때문에──파시즘에서 프롤레타리아 독재로 즉시 이행하는 것은 가능하지도 않고, 가능하다 하더라도 그 가능성이 분명하지 않다. 현존하는 무장 세력들의 인물 구성을 고려할 때, 무장 세력들에 대한 즉각적인 제압 가능성은 별로 보이지 않지만, 이 세력들이 앞으로 상황을 종식시킬 수 있는 요소가 되리라는 것을 깊이 생각해볼 필요가 있다. 여기서 우리는 좀 더 가능성이 높은 순서에 따라 여러 가지 가설을 열거해볼 수 있다. 현 정부가 연합 정부로 바뀔 가능성이 있는데, 이 연정에 졸리티, 오를란도, 디 체사로, 데 가스페리Alcide De Gasperi[52] 같은 인물이 즉시 참여할 수 있는 유연성이 보인다. 최근 프랑스에서 일어나고 있는 의회 관련 사건들이 이에 대한 시사점을 여실히 보여주는데, 혁명적 위기를 해소하면서 적으로 하여금 이동하게 한 뒤 적을 붕괴시켜 결국 해체하기 위해 프랑스 부르주아들이 사용한 정책이 이와 같은 유연성 있는 정책이었다. 이탈리아의 상황에서처럼 어떤 상황에서나 발생 가능한 돌연하고 갑작스러운 경제 위기는 공화주의적 민주주의 연합에 권력을 가져다줄 수 있다. 연합 세력은 군대 장교들과, 동일한 군대 세력의 일부에게 그리고 일반적인 국가 공무원(이들은 특히 이탈리아의 상황에서 특별히 유념할 필요가 있는 요소다)들에게 혁명을 제지할 수 있는 세력으로 자신들을 소개할 수도 있기 때문이다. 이 같은 가정들은 우리의 입장에서는 전후 예측에 대한 일정한 가치만을 가지며, 다음과 같은 점들을 확정하기 위해 사용될 수 있을 것이다.

1) 오늘부터라도 당장 우리는 파시즘이 혁명적 소요에 의해 붕괴될 가능성을 좀 더 증가시키기 위해 좌파 연합을 구축할 수 있을 만한 정당들의 조직화와 영향을 최소화하고 그 가능성을 억제해야 한다. 2) 어떠한 경우에도 우리는 오늘부터 우리에게 유리한 조건을 만들기 위한 유리한 여건의 조성에 최대한 힘을 기울이면서 민주주의적 개입이 가능한 한 짧은 시간 안에 끝나도록 노력해야 한다.

이 같은 요소들에서 우리는 우리의 즉각적인 실제 행동에 대한 지침을 도출해야 할 것이다. 통일 전선 전술의 일반적 활동을 강화하고, 적어도 주와 현(縣) 차원에서 선동 위원회를 중앙 집중화하기 위해 점점 더 많은 새로운 선동 위원회의 조직화를 강화한다. 위원회에서 우리 분파들은 무엇보다

당의 모든 당파성을 체계적으로 피하면서 좌파의 다양한 정책적 기류들에 대한 최대한의 대표성을 획득하려는 노력을 경주한다. 제기되는 문제들은 우리 분파들에 의해 목적론적으로 상정되어야 하며 노동자와 농민의 이해를 대변하는 것으로 표현되어야 한다.

최대 강령주의파의 당에 대한 전술.

남부 문제를 좀 더 적극적으로 상정해야 한다. 우리 당이 남부에서 진지하게 노력을 기울이지 않을 경우 남부는 좌파 연합의 활동에 가장 강력한 기반을 제공하게 될 것이다.

사르데냐 행동당[53]에 관한 전술에 대한 문제는 다음 전당대회에서 제출될 것이다.

남부 이탈리아와 섬 지역에 대해서는 이탈리아의 나머지 지역에서 주 차원의 활동 그룹들을 만들어야 한다.

8. 남부 문제에 대한 몇 가지 주제들[54]

이 노트의 출발점은 《제4국가*Quarto Stato*》[55] 9월 18일자에 실린 기사와 울렌슈피겔Ulenspiegel[56]이 서명한, 남부 문제에 관한 기사가 담긴 간행물이다. 이 간행물은 편집 과정에서 다소 기이한 서론으로 해설을 덧붙여 이 기사를 맨 앞에 편성했다. 울렌슈피겔은 그의 기사에서 도르소Guido Dorso

의 최근 책〔《남부 혁명*La Rivoluzione Meridionale*》(Torino: Piero Gobetti, 1925)〕을 소개하면서, 도르소가 남부 문제에 대한 우리 당의 입장을 판단한 부분을 지적한다.《제4국가》의 편집본은 서론에서, 공산당이 남부 문제에 관해 '여러 장점들'을 잘 알고 있다는 사실에 집단적으로 이의를 제기하는 일군의 젊은이들이 형성되고 있음을 언급한다. 이들은 '남부 문제를 그 문제의 일반 노선에 관련해 완벽하게 인식하고 있다고 주장하는 젊은이들'이다. 여기까지는 별로 나쁠 것이 없다. 신문에서 굳이 이야기하지 않더라도,《제4국가》가 언급한 젊은이들과 같은 유형의 젊은이들은 시간과 장소에 관계없이 매우 다른 의견이나 이의를 담고 있는 신문을 견디지 못한다. 그런데 그 다음에 이 '젊은이들'은 다음과 같은 말을 덧붙인다. "우리는 토리노 공산주의자들의 마술 같은 공식이 어떤 것이었는지 잊지 않았다. 농촌의 프롤레타리아들에게 대토지를 나누어주는 것 같은 공식 말이다. 이러한 공식은 남부 문제에 관한 어떤 건전한 현실적 시각과도 일치하지 않는다." 여기서 몇 가지 사항을 확실히 정리할 필요가 있다. 그것은 이 '마술'적인 것이 오직《제4국가》에서 언급된 '젊은이들'이 갖고 있는 피상적인 아마추어리즘과 즉흥성에만 존재한다는 사실이다.

처음부터 끝까지 '마술 공식'은 조작된 것이다. 그리고《제

4국가》가 언급한 '젊은이들'은 혹 그들이 아주 뛰어난 말주변을 가지고 진실을 유사하게 포장할 수 있다 하더라도 매우 지적인 그들의 독자들한테서는 최저의 평가만을 받게 될 것이다. 바로 여기서 토리노 공산주의자 그룹의 시각을 정리한《새로운 질서》(1920년 1월 3일)의 한 문장을 살펴보도록 하자.

북부 부르주아는 남부 이탈리아와 섬 지역을 지배하면서 그곳을 착취의 대상인 식민지로 격하시켰다. 북부 프롤레타리아는 스스로 자본주의적 노예 상태에서 자신을 해방시킴으로써, 북부의 기생적 산업주의와 은행 자본에 예속되어 있는 남부 농민 대중을 해방시켜야 한다. 농민들의 정치적·경제적 갱생은 단지 미경작지나 황무지의 분배가 아니라, 농민과의 연대를 필요로 하는 산업 프롤레타리아와의 연대에서 구해야 한다. 산업 프롤레타리아는 자본주의가 토지 소유자들에 의해 경제적으로 재생산되지 않는 데 관심을 보이며, 남부 이탈리아와 섬 지방이 자본주의의 반혁명적 군사 기지가 되지 않기를 바라기 때문이다. 프롤레타리아는 산업에 대한 노동자의 통제를 염두에 두고 농민들에게 제공할 농기계, 직물, 구두, 전기 등의 공업용 제품 생산에 매진할 것이며, 산업가와 은행이 농민을 착취하고 돈의 노예처럼 예속시키는 것을 막을 것이다. 노동자들은 공장의 전제적 전횡과 자본주의 국가의 탄압 기구들을 분쇄하고, 유용한 노동을 규정한 법률에 자본가들을 종속시키는 노동자 국가를 건설하기 위해, 농민들을 얽어맴으로써 비극에서 빠져나오지 못하게 하고 농민들을 절망에 빠뜨리고 있는 모든 예속을 분쇄할 것이다. 노동자 독재를 이루고 은행과 산업을 장악한 뒤 프롤레타리아는 지주와 대자연, 비극적 삶에 대항하는 농민의 투쟁을 지원하기 위해 국가 조직의 거대한 힘을 사용할 것이다. 프롤레타리아는 농민에게 신용 대부를 해주고, 협동조합을 설립하고, 도적 떼에게서 개인의 안전과 재산을 보장하고, 공공 보건과 관개 사업 등을 전개할 공공 사업에 전력할 것이다. 프롤레타리아는 이 모든 사업을 전개할 것인데, 농업 생산을 증대하는 것, 농민 대중과의 연대를 굳건하게 유지하는 것, 도시와 농촌, 즉 북부와 남부 사이의 동맹과 평화를 동반한 유용한 노동을 통해 산업의 생산을 증진시키는 것, 이 모든 것이 바로 노동자의 관심과 이익이 되는 데 기여하기 때문이다.57

이 글은 1920년 1월에 내가 쓴 것이다. 그로부터 7년이 흘렀고 우리 역시 정치적으로 7년이라는 세월만큼 늙었다. 몇몇 개념은 오늘날 좀 더 성숙하게 표현될 수 있을 것이며, 또한 이때의 개념들은 산업에 대한 단순한 노동자 통제로 특징지어진 국가 권력의 획득 직후와 그 뒤를 이은 지속적인 기간과는 좀 더 분명히 구별되어야 하고 또 그렇게 될 수 있어야 한다. 그러나 여기서 주목해야 할 중요한 점은 토리노 공산주의자들의 기본적 개념이 대토지 소유의 분할과 같은 '마술 공식'이 아니라 국가 권력으로부터 부르주아를 전복하기 위한 남부 농민과 북부 노동자들 사이의 정치적 동맹이라는 것이다. 바로 토리노 공산주의자들(두 계급의 연대 행동에 속한 것으로서 단지 토지의 분할을 유지하려 했던 것)이 대토지의 기계적 분배와 관련한 '기적적인' 환영에 반대해 수세적 조치를 취했던 것까지 말이다. 1920년 1월 3일에 실린 같은 칼럼에서 나는 또 다음과 같이 썼다.

> 가난한 농부 한 사람이 미경작지나 황무지에 침입해 무엇을 얻을까? 기계도 없고, 노동하는 곳에 거주할 공간도 없으며, 수확기를 기다릴 수 있는 신용도 없고, 동일한 수확(농부가 먼저 숲을 벌목하지 않은 채 수확한다는 것 혹은 적어도 미경작지에서 말라빠진 야생 무화과를 얻는다는 것이 대체 무슨 뜻인가!)을 얻고 고리대의 횡포에서 수확을 지켜낼 협동조합적 지침도 없는 농부가 그러한 땅에 침입해 얻는 것이 무엇이란 말인가?58

그러나 무엇보다 우리는 농민에게 토지를 분배하는 가장 현실적이고 결코 '마술적'이지 않은 공식을 지지한다. 우리는 이 공식이 산업 프롤레타리아 계급의 지도 아래서, 그리고 두 동맹 계급의 일반적인 혁명적 행동 안에서 적합하게 이루어지기를 희망한다. 《제4국가》의 기고자들은 진지함의 결여와 시골 약국에서나 볼 수 있는 지식인들의 편협한 용의주도함을 이와 같이 보여줌으로써, 그들이 토리노 공산주의자의 것으로 귀결시킨 '마술 공식'을 완전하게 만들어냈다.

또한 이러한 것들은 어느 정도의 결과를 예상하게 하고 그 결과를 불러일으킬 수 있는 정치적 요소이기도 하다.

프롤레타리아 진영에서 토리노 공산주의자들은 논쟁의 여지가 없는 '우호적인 생각'을 획득했다. 즉 남부 문제를 혁명적 프롤레타리아 계급의 국민적 정책의 핵심 문제 중 하나로 제시함으로써 이 문제를 노동 계급 전위의 관심 영역에 놓았다. 이런 의미에서 그들은 남부 문제를 모호한 지식인적 국면──소위 '구체주의'[59]의 국면──에서 새로운 국면으로 이동시키는 데 실질적인 역할을 했다. 토리노와 밀라노의 혁명적 노동자들은 남부 문제의 주역이 됨으로써,《제4국가》의 '젊은이들'에게 붙여지는 성자들의 이름을 굳이 거론하지 않더라도, 포르투나토Giustino Fortunato,[60] 살베미니 Gaetano Salvemini, 아치몬티Eugenio Azimonti, 라브리올라Arturo Labriola[61] 같은 인물들을 대체하게 되었다.

토리노의 공산주의자들은 '프롤레타리아 계급의 헤게모니'의 문제를, 말하자면 프롤레타리아 독재의 사회적 기반과 노동자 국가에 대한 헤게모니의 문제를 구체적인 용어를 통해 제기했다. 프롤레타리아 계급은 부르주아 국가와 자본주의에 대항해 노동자 대중 대부분을 동원할 수 있는 계급들의 동맹 체계를 창출할 수 있다는 기준에서 지도적이고 지배적인 계급이 될 수 있다. 이탈리아에 존재하는 계급들의 실제적인 관계 사이에서 이것이 의미하는 바는 광범위한 농민 대중의 동의를 얻어낸다는 것이다. 하지만 이탈리아의 농민 문제는 역사적으로 결정된 것이기 때문에 '일반적인 농업과 농민 문제'와는 다르다. 이탈리아 전통의 결정적 성격과 이탈리아 역사의 결정된 발전 방향 때문에 이탈리아에서 농민 문제는 두 가지 전형적이고 특별한 형식을 갖게 되었다. 그것은 곧 남부 문제와 바티칸 문제다. 따라서 이탈리아 프롤레타리아 계급에 있어서 다수의 농민 대중을 획득하는 것은 사회적 관점에서 이와 같은 두 가지 문제를 수용하고 이 문제들이 대표하는 계급적 요구를 이해하며 이러한 요구들을 프롤레타리아 계급자신의 혁명적 이행 프로그램에 흡수하고 이 요구들을 투쟁의 목표들 사이에 위치시키는 것을 의미한다.

토리노 공산주의자들이 해결해야 했던 첫 번째 문제는, 국가적 삶의 총체적 구조 안에 살아 있으며 부르주아 체제 안의 전통과 언론과 학교의 영향에 무의식적으로 젖어 있는 국민적 요소로서 상존하는 프롤레타리아 계급 자체의 일반적 이데올로기와 정치적 입장을 개조할 수 있는가 하는 것이었다. 부르주아 선동가들에 의해 북부 대중 사이에 방대한 규모로 침투하고 있는 이데올로기가 어떠한 것인지는 잘 알려져 있다. 그것은 다음과 같다. 남부는 이탈리아 문명의 좀 더빠른 발전을 저지하는 납덩이와 같은 것이며, 남부 사람들은 생물학적으로 열등한 인종이고 숙명적으로 반(半)야만인이거나 진짜 야만인이라는 것이다. 만약 남부가 후진적이라면 그것은 자본주의 체제나 다른 어떤 역사적인 이유 때문이 아니라 게으르고 어리석고 사악하고 야만적인 특성을 갖는 남부 사람들의 본성 때문이라는 것이다. 물론 불모의 사막에 고독하게 서 있는 야자나무 같은 몇몇 위대한 천재들이 순전히 개인적인 위대한 능력을 통해 이 같은 잔인한 운명을 완화하기는 하지만 말이다. 사회당은 북부 프롤레타리아 계급 사이에서 어느 정도 이러한 부르주아 이데올로기의 매개체 역할을 수행했다. 사회당은 소위 실증주의 학파 문필가 일당——페리Enrico Ferri,[62] 세르지Sergio Sergi,[63] 니체포로Alfredo Niceforo,[64] 오라노Orano 및 이들의 소수 추종자들과 같은 문학가들——의 모든 '남부주의자' 문학에 찬사를 보냈는데, 이들은 신문 기사, 수필, 단편 소설, 장편 소설, 감상문, 회고록 등에서 똑같은 내용을 형식만 달리해 반복했다. 예전에 '과학'은 빈자들과 착취당하는 이들을 괴멸시키는 데 사용되었지만, 이번에는 과학에 사회주의라는 색을 덧칠해 프롤레타리아의 과학이라고 주장하게 된 것이다.

토리노 공산주의자들은 바로 토리노에서 이러한 이데올로기에 열성적으로 저항했다. 당시 토리노는 남부와 섬 지방에서 벌어지는 '산적질'에 대항한 참전 용사들에 대한 이야기와 묘사가 대중적 전통과 대중 정서에 커다란 영향을 미치고 있던 곳이었다. 토리노 공산주의자들은 역사적으로 매우 중요한 것에 대한 구체적인 결과를 얻는 데 성공함으로써, 그리고 장차 남부 문제의 해결책이 될 맹아를 바로 토리노에서 얻는 데 성공함으로써, 실용적이고 구체적인 형태를 통해 이러한 영향에 열성적으로 저항하고 있었다.

한편 전쟁 전에 이미 토리노에서는 전쟁 후에 공산주의자들에 의해 전개될 모든 행동과 선전을 이미 잠재적으로 내포하는 사건을 확인할 수 있었다. 1914년 가이Pilade Gay의 사망으로 시의 제4선거구가 공석이 되자 누가 새 후보가 되어야 하는가라는 문제가 발생했다. 이때, 미래의 《새로운 질서》의 편집자들을 포함해 사회주의 분파의 한 집단은 살베미니를 후보로 지명하는 계획을 검토했다. 살베미니는 당시 급진적인 의미에서 볼 때 남부 농민 대중의 가장 선구적인 대변인이었다. 그는 사회당의 바깥에 있었다. 아니, 오히려 사회당에 반대하는 대단히 열정적이고 위험한 운동을 이끌고 있었다. 그의 주장과 비난들은 남부 노동 대중 사이에서 투라티, 트레베스Claudio Treves,[65] 다라고나 같은 인물뿐 아니라 산업 프롤레타리아 계급에 대해서도 전체적으로 증오를 불러일으키는 원인이 되었기 때문이었다. (1919년, 1920년, 1921년, 1922년에 왕실 친위병들이 노동자들에게 발사한 대부분의 탄환은 살베미니의 기사들을 인쇄하는 데 사용되는 활판 안에 용해된 납만큼이나 매우 위험스러운 요소였다.) 그럼에도 이 토리노의 그룹은 그들의 입장을 세우는 데 살베미니의 이름을 이용하려 했는데, 다음은 후보 지명에 대한 살베미니의 동의를 얻기 위해 피렌체로 갔던 파스토레Ottavio Pastore 동지가 그에게 이야기한 내용을 밝힌 것이다. "토리노의 노동자들은 풀리아의 농민들을 대표할 수 있는 하원 의원을 선출하려 한다. 토리노의 노동자들은 1913년 총선에서 몰페타와 비톤토의 농민 중 압도적인 다수가 살베미니에게 우호적이었다는 사실을 알고 있다. 졸리티 정부의 행정적 압력과, 경찰과 공권력의 폭력이 풀리아의 농민들로 하여금 의견을 표시하지 못하게 했다는 것도 알고 있다. 토리노의 노동자들은 살베미니에게 어떤 종류의 조건도 요구하지 않았으며 당에 대한 복종이나 정책적 내용 또는 의회 그룹의 강령에 대한 어떤 복종도 요구하지 않았다. 일단 살베미니가 선출될 경우, 살베미니는 토리노의 노동자들이 아니라 풀리아의 농민들을 책임지게 될 것이며, 토리노의 노동자들은 풀리아 농민들의 의향과 원칙에 따라 선거 운동을 전개할 것이고 어떤 방식으로도 살베미니의 정치 활동을 간섭하지 않을 것이다."

살베미니는 후보 지명을 받아들이지 않기로 결정했다. 하지만 이 같은 제안에 심적으로 동요했고 흥분하기까지 했다(당시 공산주의자들의 '불성실'에 대해서는 한마디 언급도 없었던 그의 행동은 정중하고 우호적이었다). 그는 무솔리니를 후보로 제안했고, 선거에서 사회당을 지원하기 위해 토리노에 오겠다고 약속했다. 그리고 실제로 그는 노동 회관과 스타투토 광장에서 열린 두 차례의 대규모 집회에 참석해 연설했는데, 여기 모인 군중은 그에게서 북부 프롤레타리아트보다 훨씬 더 야수 같고 증오에 가득 찬 형태로 억압받고 착취당하는 남부 농민 대표자의 모습을 발견하고는 갈채를 보냈다.

이 일화에서 우선 알 수 있지만, 당시에는 순전히 살베미니 자신의 의지 때문에 더 이상 발전하지 못했던 이 방향이 전쟁 후에 공산주의자들에 의해 재개되고 적용되었다. 여기서 우리는 좀 더 두드러지면서도 명확한 사건들을 상기해보도록 하자.

1919년 사르데냐 행동당의 전초 조직인 '청년 사르데냐'[66] 연합이 창설되었다. '청년 사르데냐' 연합은 섬과 본토의 모든 사르데냐 사람들을 지역적 블록의 형태로 통일하려는 의도를 갖고 있었는데, 이 지역 블록을 통해 정부가 전쟁 기간에 참전 군인들에게 한 약속을 이행하도록 효과적으로 압력을 가할 수 있을 것이라고 보았기 때문이었다. 본토 '청년 사르데냐'의 조직가는 누라Pietro Nurra 교수로서 그는 사회주의자였다. 그는 아마도 현재 매주 《제4국가》의 지면에서 새로운 지평을 발견하려 하고 있는 지금의 '젊은이들' 그룹의 일원이었을 것이다. 변호사, 교사, 공무원 그리고 공훈을 받은 사람들이 훈장과 국가적 종신 직위들을 폐찰 수 있는 새로운 기회를 찾아 열광적으로 이 운동에 참여했다. 피에몬테에 거주하는 사르데냐 사람들을 위해 토리노에서 개최된 선거구민 회합에 참석한 사람들의 엄청난 수는 매우 인상적이었다. 대다수 사람들은 특별한 자격증이 없었으며, 공장의 일용 노동자, 어렵게 사는 연금 생활자, 다양한 종류의 소규모 사업에 종사하는 전직 헌병, 전직 간수, 전직 군인같이 가난한 사람들이었다. 모두 자신들이 고향의 이웃들 사이에 있다는 생각으로, 친지들, 어린 시절의 우정, 기억, 고생 그리고 희망이라는 수많은 유대를 통해 지속적으로 연결된 자신들의 고향에 대한 이야기를 느끼고 있다는 생각으로 열광했다. 돌아갈 수 있다는 희망이 있는 고향, 평범한 곳일지언정 살아갈 수 있는 여건을 제공해주는 좀 더 부유하고 희망이 있는 고향에 대한 생각으로 말이다.

정확히 8명의 사르데냐 공산주의자들이 이 회합에 참석해 의장에게 그들의 결의를 전달하고 반대 연설의 기회를 요청했다. 온갖 미사여구로 치장된, 공식 발언자의 지방색이 물씬 풍기는 고무적이고 선동적인 연설이 끝난 뒤, 참석자들은 사르데냐에 대한 연대 의식을 느끼면서 전투에서 뿌려진 피와 과거의 슬픔을 회상하며 눈물을 흘렸다. 참석자들 모두가 사르데냐의 모든 선량한 자식들에 의해 구성된, 일치단결된 블록에 대한 생각에 열광하면서 격정적인 상태에 빠져들었다. 이런 상황에서 반대 연설을 하기 위해 '단상에 서는 일'

은 매우 어려웠다. 그나마 가장 낙관적인 예상은, 군중에게 두들겨 맞지 않을 경우, '군중의 고귀한 분노'로부터 구출된 뒤에 경찰서에서 잠시 신세를 지는 것 정도였다. 그러나 반대 연설이 엄청난 경악을 초래했음에도 군중은 주의 깊게 연설을 경청했다. 공식 연설의 마법이 풀리자 반대 연설은 너무나 빠르게, 그러나 논리 정연하게 이어지면서 결국 혁명적인 결론에 이르게 되었다. 딜레마——사르데냐의 너무나 불쌍한 당신들은, 당신들을 파멸시켰고 자본가들의 착취를 대행하는 지방 감독관들이었던 사르데냐 귀족들과의 블록을 진정으로 원하십니까? 아니면 모든 형태의 착취를 타도하고 모든 피억압자들을 해방하려 하는 본토의 혁명적 노동자들과의 블록을 원하십니까?——,이 딜레마가 참석자들의 가슴을 파고들었던 것이다. 이들을 구분하기 위한 투표는 대성공이었다. 한편에서는 화려하게 차려입은 신사들, 중절모를 쓴 공무원들, 분노와 공포로 얼굴이 흙빛이 된 전문가들의 작은 집단이 40여 명의 경찰을 동의(同意)의 장식물로 달고 있었고, 다른 한편에서는 불쌍한 사람들과 소박하게 단장한 여인네들이 공산주의자들의 작은 무리를 둘러싼 채 모여들었다. 한 시간 뒤 노동 회관에서 사르데냐 사회주의 교육 클럽이 256명의 회원을 안고 창립되었다. 그러나 '청년 사르데냐'의 설립은 무기한 연기되었으며 결국 성사되지 못했다.

사르데냐 사회주의 교육 클럽은, 대부분 사르데냐 지역 출신으로만 구성된 사사리 여단 병사들이 벌인 행동의 정치적 기반이 되었다. 사사리 여단은 1917년 8월에 토리노에서 일어난 봉기의 진압에 참가했다. 이들은 분명 자신들이 노동자들과는 가까워질 수 없을 것이라고 믿고 있었을 것이다. 왜냐하면 사사리 여단 병사들은 모든 억압 행위가 군중에게 남겨놓은 증오만을 기억했고——사사리 여단 병사들이 단지 억압의 물질적 도구였을 뿐이라고 하더라도——, 폭도들의 폭력에 쓰러졌던 것만을 기억했기 때문이다. 그러나 이 여단은 군인들에게 꽃과 담배, 과일을 던져주는 신사숙녀의 군중에게 환영을 받았다. 당시 군인들의 심리 상태는 초기 선전 활동에 참가했던 사사리 출신의 피혁 노동자가 전한 다음의 일화에서 잘 드러난다. "나는 X 광장의 야영지(처음 며칠 동안 사르데냐 군인들은 점령 도시에서 하는 것처럼 광장에서 야영했다)에 가서 젊은 농민과 이야기를 시작했다. 내가 그와 같은 사사리 출신이었기 때문에 그는 내게 따뜻하게 인사했다.

——당신들은 무슨 일로 토리노에 왔죠?

——파업하고 있는 나리들에게 한 방 먹이러 왔죠.

——한데 파업하고 있는 이들은 나리들이 아니라 노동자들과 가난한 사람들인걸요.

——여기서 그들은 모두 나리들이지요. 그들은 와이셔츠를 입고 타이를 맨 채 하루에 30리라를 벌죠. 나는 누가 가난뱅

이인지, 그들이 어떻게 입고 다니는지 잘 압니다. 그럼요. 사사리에는 가난뱅이들이 있습니다. 우리 '농사꾼들'은 모두 가난하고, 하루에 겨우 1.5리라를 법니다.

—그런데 나도 노동자이고 가난뱅이인데요.

—그건 당신이 사르데냐 사람이기 때문에 가난한 거죠.

—하지만 내가 다른 사람들과 함께 파업을 벌인다면, 당신은 내게 총을 쏠 건가요?

병사는 잠시 생각한 뒤 내 어깨에 손을 얹고 말했다.

—이봐요, 당신이 딴 놈들과 파업할 거라면, 집안에나 있으라고요!"

이것이 노동자들이래야 이글레시아스 인근에서 온 광부들뿐이던 여단의 대다수가 가진 감정이었다. 그렇지만 몇 달 후인 7월 20일에서 7월 21일의 총파업 전야에 여단은 토리노를 떠났고, 그나마 나이 든 병사들은 해고된 채 부대는 셋으로 나뉘었다. 병력의 3분의 1은 아오스타로, 3분의 1은 트리에스테로, 나머지 3분의 1은 로마로 보내졌다. 여단은 갑자기 야간에 이동하게 되었다. 그러나 역에서 그들에게 환호하는 품위 있는 군중조차 없었다. 그들은 군인이었지만, 그들이 도착했을 때 부른 똑같은 내용의 군가 역시 예전과는 느낌이 달랐다.

이 사건들이 아무런 결과도 낳지 못했을까? 아니다. 오히려 이 사건들은 오늘날에도 대중의 가슴속 깊은 곳에 남아 여전히 작용하면서 무언가를 불러일으키는 결과를 낳았다. 한순간에 이 사건은 이제껏 한 번도 그런 식으로 생각해본 적이 없는 인민의 머리를 각성시켰고, 생각과 사고를 근본적으로 변화시키면서 많은 이들에게 깊은 인상을 주었다. 그러나 이 사건에 대해 우리가 갖고 있던 기록 문서들은 흩어져 사라졌다. 검거와 박해를 피하기 위해 우리 스스로 많은 서류를 파기했다. 그럼에도 우리는 사르데냐로부터 토리노의 《전진!》 편집국에 배달된 수십, 수백 통의 편지를 기억한다. 이 편지들은 종종 사사리 지방의 특정 마을에 거주하는, 여단 퇴역 군인 전원이 서명한 공동 명의로 배달되었다. 우리가 표명한 정치적 행동이 통제되지도 않고 통제할 수도 없는 방법을 통해 확산되었던 것이다. 사르데냐 행동당의 설립은 인민 대중의 사고의 기반에 너무나 강하게 영향을 미쳤으며 이러한 점에서 내용과 의미에 상당히 중요한 영향을 미친 일화들로 기억할 수 있을 것이다.

이러한 행동이 영향을 미친 반응 중 최근의 특기할 만한 상황은, 사사리 여단의 경우와 마찬가지로 1922년에 칼리아리 헌병대 중 300명에 달하는 헌병들이 토리노에 파견되었을 때 일어났다. 우리는 《새로운 질서》 편집국에 도착한 헌병대 중 대다수가 서명한 성명서를 받았다. 이 성명서는 모든 점에서 남부 문제에 대한 우리의 입장을 반영하고 있었으며, 이는 우리의 접근 방향이 옳았다는 것을 보여주는 결정적인 증거였다.

프롤레타리아 계급이 스스로에게 정치적인 유효성을 부여하기 위해서는 이와 같은 방향을 정립해야 한다는 것이다. 대중 스스로 자신들이 추구하려는 목적과 적용의 방법을 확신하지 못할 경우 어떠한 대중 행동도 불가능하다. 프롤레타리아 계급이 하나의 계급으로서 지도할 수 있는 능력을 갖추기 위해서는 모든 조합주의적 여지와 생디칼리슴적 선입견 또는 껍데기를 벗어던져야 한다. 이는 무엇을 의미하는가? 직종과 직종 사이에 존재하는 차별을 뛰어넘어야 할 뿐만 아니라, 농민과 도시의 반프롤레타리아에 속하는 몇몇 범주 안에 있는 계층들 간의 신뢰와 지지를 획득하기 위해 이러한 편견을 극복해야 하며, 노동자 계급 안에 존재할 수 있고 또 존재하고 있는 일종의 이기심을 극복해야 한다는 것이다. 이는 몇몇 노동자들이 갖고 있는 직업적 특수주의(우월주의)가 사라진 후에야 신뢰 회복이 가능한 것과 마찬가지다. 철강 노동자, 목수, 건설 노동자 등을 단순한 프롤레타리아 계급으로 생각해서는 안 되며, 이들이 더 이상 단순한 철강 노동자들, 목수들, 건설 노동자들로 머물러서는 안 된다. 여기서 앞으로 더 나아갈 수 있어야 한다. 그들은 농민과 지식인들을 지도하고자 하는 계급의 일원으로, 그리고 사회의 이 같은 여러 계층들 대부분이 조력하고 따를 때에만 이루어질 수 있는 사회주의를 건설할 수 있고 이룩할 수 있는 계급의 일원으로 생각되어야 한다. 이것이 성취되지 않을 경우 프롤레타리아 계급은 지도 계급이 되지 못할 것이다. 또한 그것은 부르주아가 인구의 대다수를 차지하는 농민과 지식인 계급을 여전히 지배하는 기회를, 그리고 국가가 프롤레타리아 계급의 공격을 견디면서 그 공격을 약화시킬 기회를 제공할 것이다.

이와 같이 남부 문제의 영역에서 일어났던 일들은 프롤레타리아 계급이 자신들의 의무를 이해했다는 것을 보여주었다. 두 가지 사건을 기억해야 한다. 하나는 토리노에서 확인된 사건이고, 다른 하나는 개량주의와 계급 조합주의 및 노동자 보호주의의 거점인 레조 에밀리아에서 발생한 사건이다. 이 사건은 남부 농민들 사이에서 이루어진 선전 운동에서, 예를 들어 이들을 '남부주의자'들로 인정한 일이다.

공장 점거 이후에 피아트의 경영진은 노동자들에게 조합 형태로 사업 경영을 맡을 것을 제안했다. 너무나 당연하게 개량주의자들은 이 제안에 우호적이었다. 산업 위기가 희미하게 나타나기 시작했고, 실업의 망령이 노동 계급의 가족을 괴롭히고 있었다. 피아트가 하나의 조합체가 될 경우, 숙련 노동자들과 특히 해고의 위험에 처해 정치적으로 더욱 적극적으로 활동하고 있는 노동자들에게도 어느 정도의 고용 안정성이 보장될 수 있었을 것이다.

공산주의자들이 주도하던 사회당 분파는 이 논쟁에 적극적으로 개입했다. 그들은 노동자들에게 다음과 같이 이야기했다. 오직 노동자들이 현재 이탈리아를 지배하고 있는 부르주아 정치 세력의 체제로 편입을 결정할 때에만, 피아트처럼 규모가 큰 조합주의 형태의 기업이 노동자들에 의해 운영될 수 있다. 피아트 경영진의 제안은 노동자들이 졸리티 정치 계획에 다시 편입되는 것을 의미한다. 이 계획은 어떤 내용을 담고 있는가? 전쟁 전에도 이미 부르주아는 아무 탈 없이 이탈리아를 지배할 수 없었다. 1894년의 시칠리아 농민 반란과 1898년의 밀라노 봉기는 이탈리아 부르주아에게는 최악의 경험이었다. 1890~1900년의 피의 10년이 지난 후 부르주아 계급은 지나치게 배타적이고 폭력적이며 직접적인 독재를 포기해야 했다. 남부의 농민과 북부의 노동자들은 비록 체계적이지는 않았지만 동시 다발적으로 부르주아지에 대항해 봉기를 일으켰다. 새로운 시대에는 지배 계급이 계급 동맹, 계급의 정치적 블록이라는 새로운 정책을, 즉 부르주아 민주주의를 선언할 것이다. 부르주아지는 다음 중에서 선택해야 했다. 하나는 관세 자유, 보통 선거권, 행정적 지방 자치제, 공산품의 낮은 가격 정책 등을 포함하는, 남부 농민들과의 동맹이라고 할 수 있는 농촌 민주주의다. 또는 보통 선거권의 불인정, 관세 보호주의, 중앙집권화된 국가(특히 남부와 섬 지방의 농민들에 대한 부르주아 계급의 지배를 나타내는 형태)의 유지, 임금과 노조의 자유에 대한 개량주의적 정책을 의미하는 자본가-노동자 공업 블록이라는 정책이다. 부르주아는 우연만은 아니게 후자의 해결책을 택했다. 졸리티는 부르주아 지배를 구현했고 사회당은 졸리티 정책의 수단이 되었다. 여러분이 자세히 살펴본다면, 사회주의 운동과 노동운동 안에서 가장 근본적인 위기가 발생한 시기는 1900년에서 1910년까지의 10년이었음을 알 수 있을 것이다. 대중은 개량주의 지도자들에 반대해 자생적으로 대응하고 행동했다. 이때 생디칼리슴이 생겨났는데, 이는 부르주아 계급과의 블록에 반대하면서 농민들과의, 무엇보다도 먼저 남부 농민들과의 블록을 형성하기 위한 노동자들의 저항 행동에 대한 본능적이고 기본적이며 원시적이지만 건강한 표현이었다. 확실히 그렇다. 아니, 어쩌면 사실상 어떤 의미에서 생디칼리슴은 보다 앞선 지식인들에 의해 대표되는 남부 농민들이 프롤레타리아를 지도하고자 하는 미약한 시도일 수도 있다. 누가 이탈리아 생디칼리슴 지도부의 중심을 구성하고 있는가? 그리고 그 이데올로기의 핵심은 무엇인가? 생디칼리슴 지도부의 중심을 구성하는 이들은 거의 모두가 남부 사람들인데, 라브리올라, 레오네Leone, 롱고바르디Longobardi, 오라노가 그들이다. 생디칼리슴의 이데올로기적 핵심은 전통적인 자유주의보다 더 열광적이고 공격적이며 호전적인 새로운 종류의 자유주의다. 여러분이 자세히 살펴본다면, 계속되는 생디칼리슴의 위기들과 생디칼리슴 지도자들이 부르주아 진영으로 점차 기울어지고 있는 현상 저변에는 두 가지 기본적인 문제가 깔려 있음을 알 수 있을 것이다. 그것은 이민과 자유 무역이라는 요소로서, 이 요소들은 모두 남부주의와 긴밀히 연관되어 있다. 이민 현상은 코라디니Enrico Corradini[67]의 '프롤레타리아 국가'라는 개념을 탄생시켰다. 모든 지식인 계층에게 리비아 전쟁은 자본주의와 금권 정치의 세계에 반대하는 '위대한 프롤레타리아 계급' 공격의 시작처럼 보였다. 모든 생디칼리스트 그룹이 민족주의에 경도되었다. 아니, 오히려 민족주의 정당은 처음부터 이전의 생디칼리스트 지식인들인 모니첼리Monicelli, 포르게스 다반차티Forges-Davanzati,[68] 마라빌리아Maraviglia에 의해 설립되었다. 라브리올라의 《10년간의 역사Storia di 10 anni》(1900년부터 1910년 사이의 역사)는 이러한 반(反)졸리티적이고 남부주의적인 신자유주의의 가장 전형적이고 특징적인 표현을 담고 있는 책이다.

문제의 10년 동안 자본주의는 강화되고 발전했으며 자본주의 활동의 일부는 파다나 평원[69]의 농업 지역으로 흘러들었다. 이 10년간의 가장 특징적인 점은 포 강 유역 농업 노동자들의 대중 파업이다. 북부 농민들 사이에서는 심대한 격변이 발생했다. 이 격변은 계급이 매우 심하게 차별적으로 분화되었음을 보여주는데[1911년의 국세(國勢) 조사[70] 자료에 따르면, 일용 노동자bracianti의 수가 50퍼센트 정도 증가했다], 이에 따른 정치적 경향들과 정서적 태도가 생겨났다. 기독교 민주주의와 무솔리니주의는 이 시기의 가장 두드러진 산물이었다. 로마냐는 이 두 가지 새로운 움직임이 지방 차원에서 격렬하게 일어나는 지역이었고 농업 부문의 일용 노동자들은 정치 투쟁의 사회적 주역이 된 듯했다. 좌파 기관지에 속했던 체세나의《행동L'Azione》 같은 사민주의와 무솔리니주의는 빠르게 '남부주의자들'의 통제 아래 들어갔다. 체세나의《행동》은 살베미니가 발간하던《통일Unità》의 지역판이었다. 무솔리니가 편집권을 갖고 있던《전진!》은 천천히, 그러나 분명하게 생디칼리스트와 남부주의 필자들의 훈련장으로 변해갔다. 판첼로Fancello, 란칠로Lanzillo, 판눈치오Pannunzio 같은 이들이《전진!》의 열성적인 협력자였다. 살베미니 역시 프레촐리니Giuseppe Prezzolini[71]가 발간하던《소리Voce》[72]의 애독자이기도 했던 무솔리니에 대한 호감을 숨기지 않았다. 우리 모두는 실제로 무솔리니가《전진!》과 사회당을 떠날 때 이 같은 생디칼리스트와 남부주의자 일단에 둘러싸여 있던 모습을 기억할 수 있다.

이 시기에 혁명 진영에서 나타난 가장 주목할 만한 반향은 1914년 6월의 붉은 주간이었으며, 그 진원지는 에밀리아 로마냐와 마르케였다. 부르주아 정치 활동 영역에서 가장 주목할 만한 것은 젠틸로니 협정[73]이었다. 포 강 유역에서 일어난 농업 운동의 영향으로 사회당이 1910년 이후 비타협 전술로 복귀했기 때문에, 졸리티에 의해 지지되고 대표되던 산업 블록은 더 이상 효력을 나타낼 수 없었다. 졸리티는 어깨에 메고 있던 총을 다른 어깨에 메기 위해 방향을 바꿨다. 그는 부르주아와 노동자의 동맹을 부르주아와 가톨릭의 동맹으로 대체했는데, 당시 가톨릭은 이탈리아 북부와 중부의 농민 대중을 대변하고 있었다. 이 동맹으로 인해 손니노Sidney Sonnino의 보수당은 이탈리아 남부에 살란드라를 중심으로 한 작은 규모의 세포 조직만을 남긴 채 완전히 파괴되고 말았다. 우리는 전쟁 중과 전쟁 후에 부르주아 계급에서 가장 큰 중요성을 갖는 일련의 미세한 과정들이 진행되는 것을 보았다. 살란드라와 니티 두 사람은 최초의(물론 19세기에 걸쳐 부르주아 독재의 가장 정력적인 대표자였던 크리스피Francesco Crispi[74] 같은 시칠리아인을 제외하면) 남부 출신 정부 수반이었으며, 살란드라는 보수적 기반에서, 니티는 민주적 기반에서(이들 두 정부 수반은 모두《코리에레 델라 세라》, 말하자면 롬바르디아 섬유 산업으로부터 큰 도움을 받고 있었다) 산업 부르주아 계급과 남부 농업 부르주아 계급의 계획을 실현하기 위해 애썼다. 살란드라는 이미 전쟁 중에 남부 지방을 위해 국가 조직의 기술적 세력을 남부로 이동시키려고 노력했으며, 졸리티 정부의 사람들을 부르주아의 새로운 정치적 경로를 구현할 수 있는 새로운 인원들로 대체하려고 노력했다. 여러분은 특히 1917년~1918년에 국가가 '풀리아 사람들로 채워지는 것pugliesizzazione'을 막기 위해 졸리티주의자들과 사회주의자들의 긴밀한 협력을 바탕으로《스탐파》가 주도한 캠페인을 기억할 것이다. 이 캠페인은《스탐파》의 치코티Francesco Ciccotti가 주도했는데, 이는 사실상 졸리티와 개량주의자들 사이에 존재하던 의견 일치의 다른 표현이었다. 문제는 결코 사소한 것이 아니었으며, 졸리티주의자들은 자신들의 수세적이고 격렬한 증오로 인해 상층 부르주아 정당에 허용된 한도를 넘어섰고 우리 모두의 기억에도 생생한 반(反)애국주의와 패배주의까지 보여주었다. 오늘날 졸리티는 다시 한번 권력을 장악했고, 대중 운동의 공격적인 도발 앞에 떨고 있는 상층 부르주아 계급은 다시 한번 자신들을 그의 손에 의탁하고 있다. 졸리티는 토리노의 노동자들을 길들이고 싶어한다. 그는 토리노의 노동자들을 두 차례나 분쇄한 바 있다. 그는 지난 4월의 파업과 공장 점거 때 두 번 모두 노동 총동맹, 다시 말해 조합주의적 개량주의자들의 도움을 받아 토리노의 노동자들을 분쇄했다. 이제 그는 노동자들을 부르주아 국가의 체계 안으로 포섭할 수 있다고 믿고 있다. 실제로 피아트의 숙련 노동자들이 경영진의 제안을 받아들일 경우 어떤 일이 일어날까? 현재의 산업 지분은 채무가 될 것이다. 말하자면 조합은 사업 상태가 어떠하든

간에 채권자들에게 고정된 분담금을 지불해야 할 것이다. 피아트는 부르주아 계급의 손아귀에 남아 있는 신용 기관들, 즉 노동자들을 마음대로 감원할 수 있는 권리를 갖고 있는 신용 기관들에 의해 대가를 치르게 될 것이다. 숙련된 노동자들은 불가피하게 국가에 속박될 것이며, 노동자 출신의 하원 의원들의 활동과 노동자 정치 정당의 정부 정책에의 귀속을 통해 '노동자들에게 도움이 될' 국가와 관련을 맺을 수밖에 없다. 이것이 졸리티 계획이 완전히 실현된 단계에서 볼 수 있는 그의 의도다. 토리노의 프롤레타리아 계급은 더 이상 독립적 계급으로 존재하지 않고 단지 부르주아 국가의 부속물이 될 것이다. 계급 조합주의는 승리를 거두겠지만, 프롤레타리아트는 지도자와 안내자로서의 지위와 역할을 상실할 것이다. 프롤레타리아 계급은 더 빈곤한 노동자 대중에게 특권 계급으로 보일 것이며, 농민 대중에게도 부르주아와 같은 수준에 있는 착취자로 인식될 것이다. 부르주아 계급이 언제나 그랬듯이 농민 대중에게, 그들의 고통과 비참한 빈곤의 유일한 원인으로 여겨질 핵심적 특권 노동자로 프롤레타리아를 소개하려 들 것이기 때문이다.

피아트의 숙련 노동자들은 우리의 관점을 거의 만장일치로 수용했고 경영진의 제안은 거부되었다. 그러나 이 경험은 그 자체로 충분할 수 없었다. 일련의 전체 행동 과정에서 토리노 프롤레타리아 계급은 상당한 수준의 정치적 성숙과 능력에

도달했음을 보여주었다. 1919년 공장 사무직 종사자들과 기술자들은 노동자들의 지지를 받음으로써 자신들의 근로 조건을 향상시킬 수 있었다. 기술자들의 동요를 억누르기 위해 경영주들은 노동자들에게, 선거를 통해 노동자들이 자체적으로 새로운 조장과 분과장을 지명할 수 있는 권한을 제안했다. 노동자들은 억압과 박해의 도구로서 경영주 측을 위해 행동해 왔던 이 기술직 종사자들과 투쟁할 이유가 충분했음에도 이 제안을 거부했다. 그러자 신문들이 한 달에 7,000리라에 달하는 이들의 높은 봉급을 부각시키면서 기술직 종사자들을 고립시키기 위해 맹렬한 캠페인을 전개했다. 특정 기술직 노동자들은 육체 노동자들의 소요를 도왔다. 적어도 공장 내에서는 좀 더 등급이 높은 기술직 노동 종사자 때문에 덜 숙련된 노동자들이 손해를 입는다는 식의 착취 의식이나 특권 의식이 소멸했다. 이러한 행동들을 통해 프롤레타리아의 전위는 전위로서의 사회적 지위를 획득했다. 이것이 토리노에서 공산당이 발전할 수 있었던 기반이었다. 그러나 토리노 밖에서는 어떠했는가? 여기서부터는 의식적으로 토리노 밖의 사례를, 좀 더 정확하게 말해 계급 개량주의와 계급 조합주의가 가장 집중되어 있던 레조 에밀리아의 사례를 언급하고자 한다.

레조 에밀리아는 언제나 '남부주의자'들의 표적이 되어왔다. 카밀로 프람폴리니의 언급을 살펴보자. "이탈리아는 북부 사람과 더러운 남부 사람으로 나뉜다." 이것은 북부의 노동자들에게 반대하는 남부인들 사이에 확산되어 있는 폭력적인 증오의 원인이 되는 가장 전형적인 표현이었다. 그런데 레조 에밀리아에서 피아트와 유사한 문제가 발생했다. 거대한 공장이 조합 형태 기업의 방식으로 노동자들의 손에 양도되어야 했다. 레조의 개량주의자들은 이러한 사실에 열광했고 자신들의 신문과 집회에서 이를 대대적으로 선전했다.[75] 토리노의 공산주의자[76]가 레조로 가서, 공장의 집회 도중에 발언권을 얻어 남부와 북부 사이의 문제에 대해 종합적으로 설명했다. 그러자 '기적'이 일어났다. 압도적 다수의 노동자들이 개량주의적이고 조합주의적인 입장을 거부했던 것이다. 개량주의자들이 레조 노동자들의 진정한 정신을 대변하지 않았음이 드러났다. 그들은 단지 노동자들의 수동성과 다른 부정적 측면들을 대변했을 뿐이다. 개량주의자들은 분명 천부적인 재능을 지닌 조직가와 선전가들의 대오에서 고도의 집중력을 발휘한 덕분에 정치적 독점을 확보하는 데 성공할 수 있었다. 따라서 이러한 방식으로 혁명적 흐름의 발전과 조직화를 막는 데 성공할 수 있었다. 그러나 개량주의자들을 패퇴시키고, 레조 노동자들이 용맹한 투사들이지 정부의 사료로 키워지는 돼지 떼가 아님을 증명하는 데는 한 명의 숙련된 혁명가로 충분했다.

1921년 4월이 되자 5,000명의 혁명적 노동자들이 피아트에서 해고되고 공장 평의회가 폐지되었으며, 실질 임금이 삭감되었다.[77] 이와 유사한 일이 레조 에밀리아에서도 일어났다. 다시 말해 노동자들은 패배했다. 그러나 이것이 노동자들의 희생이 헛되었다는 것을 의미하는가? 우리는 그렇게 생각하지 않는다. 오히려 우리는 노동자들의 희생이 헛되지 않았다고 확신한다. 물론 이러한 행동들의 직접적이고 전광석화 같은 효력을 증명할 대규모적인 일련의 대중적 사건 모두를 다루는 것은 쉽지 않다. 다른 무엇보다 농민의 경우에는 더욱 그러한데, 이 같은 증명들을 남긴다는 것은 항상 어려우며 거의 불가능하다. 더욱이 남부의 농민 대중에 관한 한 그러한 증명은 더욱 어렵다.

남부는 극도의 사회적 분열 지역으로 규정될 수 있다. 인구의 대다수를 구성하는 농민은 아무런 응집력도 갖고 있지 않다(물론 풀리아, 사르데냐, 시칠리아와 같이 남부 구조라는 거대한 윤곽에서 나름의 특징을 가진 지역은 예외로 해야 할 필요성을 이해해야 한다). 남부 사회는 세 가지 사회적 계층으로 구성된 거대한 농업 블록이다. 하나는 정형되지 않고 분열되어 있는 대다수의 영세 농민 대중이며 다른 하나는 농촌 부르주아 계급에 속하는 중간과 하위 계층의 지식인들이고 나머지 하나는 대지주와 상층의 지식인들이다. 남부의 농민들은 영속적으로 불안한 상태에 있지만, 하나의 대중으로서 그들은 자신들의 열망과 요구를 통일적으로 표현할 능력이 없다. 중간 층위의 지식인들은 농민 기층으로부터 정치적·이데올로기적 활동의 동력을 제공받는다. 정치적 영역에서의 대토지 소유자들과 이데올로기 영역에서의 상층 지식인들은 최종적으로 이러한 모든 표출들의 총합을 집중시키고 지배하게 된다. 당연히 이데올로기적 영역에서 이 같은 집중화는 충분한 효력과 정확성을 갖게 된다. 따라서 포르투나토와 크로체Benedetto Croce는 전체 남부 체계의 버팀목이자 어떤 의미에서는 남부 반동의 주요 인물이다.[78]

남부의 지식인들은 이탈리아 국민의 생활에서 가장 흥미롭고 중요한 사회 계층 중 하나다. 이는 국가의 행정 관료 중 5분의 3 이상이 남부 사람이라는 사실만 생각해봐도 쉽게 알 수 있을 것이다. 남부 지식인들의 독특한 정서를 이해하기 위해서는 여기에 언급되는 몇 가지 사실적 근거들을 염두에 두어야 한다.

1. 모든 나라에서 지식인 계층은 자본주의의 발전에 따라 근본적으로 변화되어왔다. 기존의 지식인 모델은 주로 농업적이고 수공업적인 기반이 우세한 사회를 조직화하는 요소였다. 국가를 조직하고 상업을 조직하기 위해 지배 계급은 특정한 유형의 지식인을 만들어냈다. 산업은 기술적 조직가와 응용과학의 전문가들이라 할 수 있는 지식인의 새로운 모

델을 도입했다. 경제적 세력들이 국민 생활의 대부분을 흡수할 정도로 자본주의적 의미에서 발전된 사회에서는 지식인의 지도와 명령이라는 온갖 특징을 갖는 이 같은 두 번째 형태의 지식인 모델이 우월한 위치를 차지한다. 이에 반해 농업이 여전히 주요한 역할을 하거나 다른 산업에 비해 직접적으로 우세한 지역에서는 국가 인사의 많은 부분을 담당하고, 지방에서도 마을이나 농촌의 성곽 지역에서 여전히 농민들과 일반 행정 기관 사이에서 매개적 역할을 담당하는 기존의 구식 지식인 모델이 우세하게 남아 있게 된다. 남부 이탈리아에서는 이 같은 모든 전형적 특징을 갖는 기존의 지식인 모델이 지배적이다. 그들은 농민들 앞에서는 민주적이면서 정략적이고 부패한, 부정한 대토지 소유자들과 정부 앞에서는 반동적인 특징을 갖는 지식인들이다. 이러한 사회적 계층의 특징을 고려하지 않을 경우 남부 정치 정당들의 전통적인 모습을 이해하지 못할 것이다.

2. 남부 지식인들은 여전히 남부에서 매우 두드러진 하나의 계층에서 배출된다. 농촌 부르주아지, 이들은 농민이 아니고 땅을 경작하지 않으며 스스로 땅을 일구는 것을 부끄럽게 여기지만, 땅 임대나 소규모 소작 제도를 통해 생계를 유지하는 중소 지주들이다. 그들은 작은 땅에서 살 만큼의 생계를 유지하고, 자식들을 대학이나 신학교에 보내며, 장교나 국가 공무원에게 시집갈 딸에게 지참금을 주는 정도를 땅

에서 뽑아낼 수 있다. 이러한 계층에서 배출되는 지식인들은 일하는 농민들에게 맹렬한 반감을 갖게 되며, 초과 노동 인구 덕분에 농민들을, 지쳐 쓰러질 때까지 노동을 시킨 후 갈아 치울 수 있는 하나의 노동 기계로 간주한다. 또한 그들은 농민들과 농민들의 파괴적 폭력에 대해 어리석은 공포를 갖고 있으며, 본능적인 동시에 선조 대대로 내려오는 감정을 갖게 됨으로써 고상한 위선으로 치장하고 농민 대중을 길들이고 속이는 아주 정교한 기술을 갖고 있다.

3. 성직자는 지식인이라는 사회 집단에 속하기 때문에 전체적으로 남부의 성직자와 북부의 성직자가 매우 다르다는 점 역시 주목할 필요가 있다. 북부의 사제는 대체로 장인이나 농부의 아들이다. 사제는 민주주의적 정서를 가지고 있고 좀 더 농민 대중과 연결되어 있다. 종종 거의 공공연하게 여성과 동거하기도 하는 남부의 신부들보다는 북부의 사제가 도덕적으로 훨씬 고결하고, 이 때문에 북부의 사제가 사회적으로 훨씬 완성된 정신적 책무를 수행한다. 다시 말해 북부의 사제는 한 가족의 모든 활동에 대한 지도자가 되는 셈이다. 교구와 수도원이 막대한 고정 자산이나 유동 자산을 보유하거나 비축하고 있던 남부에 비해 북부에서는 국가와 교회의 분리와 교회 재산의 몰수가 훨씬 더 급진적으로 나타났다. 남부에서 사제는 농민들에게 다음의 세 가지 경우로 표현된다. 1) 사제는 농민이 토지 임대료의 문제를 둘러싸

고 갈등을 빚는 상대인 토지 관리인으로 표현된다. 2) 사제는 고리대와 임대료를 징수하기 위해 종교적 요소를 사용하며 턱없이 높은 이자율을 요구하는 고리대금업자로 표현된다. 3) 사제는 세속적인 모든 열정(여자와 돈)에 종속되어 있기 때문에 정신적 측면에서 사리 분별이나 공평무사의 신뢰를 주지 않는 사람으로 표현된다. 그러므로 사제에게 있어서 고해 성사는 최소한의 지도적 책무일 뿐이며, 농민들은 종종 이교적 의미에서 다소 미신적일지라도 성직자의 권위에 기대지 않는다. 이 모든 것은 민중당이 남부에서 (시칠리아의 몇몇 지역을 제외하고는) 결코 주목할 만한 위치를 차지하지 못하며 인민 대중의 기관이나 제도로서 어떠한 연결망도 갖지 못하는 이유가 된다. 성직자에 대한 농민의 태도는 민중이 이야기하는 다음의 말로 요약될 수 있다 "사제는 제단에 있을 때나 신부일 뿐, 그 밖의 장소에서는 다른 이들과 똑같은 인간이다."

남부의 농민들은 지식인을 매개로 대지주들과 연결된다. 농민 운동은, 비록 형식적이지만(즉 농민 운동이 운동의 과정 중에서 실현하는 발전과 차별화들을 축적하고 보존하며 농민 출신의 농민 간부들을 선택할 수 있는 능력이 있다는 점에서) 자율적이고 독립적인 대중 조직의 형태를 취한다는 점에서 항상 국가 기구들의 통상적인 연결 기구——코뮌이나 군(郡) province 및 하원 의회——안에 자리를 구축하는 것으로 종결되고 만다. 이러한 과정은 지방 정당의 구성과 해체를 통해 발생하는데, 지방 정당의 구성원들은 지식인으로 구성되지만, 그들은 유력한 대지주들과 그 대지주들의 대행인인 살란드라, 오를란도, 디 체사로 같은 이들에 의해 통제되는 지식인들일 뿐이다. 전쟁이 이러한 조직 유형에 참전 용사 운동과 함께 새로운 요소를 도입한 것처럼 보였는데, 이러한 과정에서 농민과 군인들, 지식인들과 장교들은 보다 통일적인 블록을 구성함으로써 상당한 정도로 대지주들에 반대하는 형태를 구성했다. 그러나 이러한 움직임은 오래가지 않았고 그들의 마지막 잔존 세력은 아멘돌라가 구상했던 국민 연합이었다. 국민 연합은 그들의 반(反)파시즘 기치 덕분에 미미하나마 존재의 명분을 갖게 되었다. 무엇보다 남부에 민주적 지식인들의 명백한 조직적 전통이 전혀 없다는 것을 감안하면 이러한 집단이 보이는 응집이나 결집에도 당연히 배려와 주의가 들어 있어야 한다. 이는 전반적으로 변화무쌍한 정치 상황에서, 실오라기 같은 물줄기가 범람하는 혼탁한 격류로 발전될 수도 있기 때문이다. 참전 용사 운동이 좀 더 확실한 윤곽을 보이면서 좀 더 견고한 하나의 사회 구조를 창출하는 데 성공한 유일한 지역은 사르데냐였다. 그리고 이는 사르데냐의 대지주 계급이 아주 미약하고 어떠한 역할도 하지 않았으며, 사르데냐가 본토 남부에서 지배적이던 아주 오래된 문화적·지적 전통을 갖고 있지 않았기 때문이라고 이해할 수 있다. 농민 대중과 목축업자들에 의해 행사되는 아래로부터의 압력이 대지주로 구성된 사회 상층부에서 힘에 부칠 만큼 덜기 어려운 짐으로 나타나지는 않았다. 따라서 지도적 지식인들은 이 압력을 충분히 감수하고 국민 연합보다 앞서서 더욱 주목할 만한 진보적 자세를 보여줄 수 있었다. 시칠리아의 상황은 사르데냐나 본토 남부의 상황과 아주 다르고 차별화된 특질들을 보여준다. 대지주들의 응집력은 본토 남부에서보다 더욱 강하고 단호하다. 더욱이 시칠리아에는 어느 정도 발전된 산업과 상업이 존재한다(시칠리아는 이탈리아 남부에서 가장 부유한 지역 중 하나며 이탈리아 전체에서도 가장 풍요로운 지역 중 하나다). 상층 계급들은 국민 생활에서 차지하는 자신들의 중요성을 너무나 잘 알고 있으며 자신들의 비중이 느껴질 수 있도록 행동한다. 이탈리아라는 국가에 가장 많은 수의 정치 지도자를 공급하고 있는 시칠리아와 피에몬테는 1870년 이후 두드러진 역할을 해왔다. 시칠리아 인민 대중은 남부 대중에 비해 진보적이지만 그들의 진보는 전형적으로 시칠리아적인 형식을 띤다. 시칠리아에는 하나의 전통 그 자체이자 다른 한편 특이한 발전 양상을 갖는 시칠리아 인민 대중의 사회주의가 존재한다. 1922년의 의회에서 섬 지역 출신의 하원 의원 52명 중 약 20명이 바로 시칠리아의 대중 사회주의에 기반을 둔 의원들이었다는 점이 이를 뒷받침한다.

우리는 남부 농민들이 지식인들을 통해 대지주들과 연결된다는 점을 이야기했다. 이러한 조직 형태는 본토 남부와 시칠리아 전체에 걸쳐서 가장 일반적으로 퍼져 있는 형태다. 이는 전체적으로 북부 자본주의와 거대 은행들의 매개체이자 감독관으로서 기능하는 기묘한 농업 블록을 만들어냈다. 이 같은 블록의 유일한 목적은 현 상태를 유지하는 것이다. 이 블록에는 개선이나 진보를 향한 어떠한 지적인 횃불도, 어떠한 프로그램도, 어떠한 압력도 존재하지 않는다. 어떤 생각이나 계획이 확정되었다면 이는 언제나 남부의 바깥에서 기원하는데, 이는 특히 토스카나에서 두드러진 것으로서, 의회 안에서 남부 농업 블록의 보수주의자들과 연합하고 있는 대지주들-보수주의자들의 정치적 그룹에서 나온 것이다. 손니노와 프란케티Leopoldo Franchetti는 남부 문제를 국민적 문제로 상정하고 이를 해결하기 위한 정부 계획 초안을 만든 몇 안 되는 지적인 부르주아 사상가들이었다. 손니노와 프란케티의 관점은 무엇이었는가? 그것은 이탈리아 남부에서 경제적으로 독립적인 중간 계층을 창출해야 한다는 것이었는데, 당시 이야기되던 바에 따르면 이 중간 계층이 '여론'의 역할을 수행할 수 있으면서, 한편으로는 지주들의 잔혹한 전횡을 제한하고 다른 한편으로는 피폐한 농민들의 반란 행동을 완화시킬 수 있다는 것이었다. 손니노와 프란케티는 제

1인터내셔널의 바쿠닌주의 사상이 이탈리아 남부에서 성취한 대중성을 너무나 두려워했다. 이 공포로 인해 그들은 종종 기묘한 과오를 저질렀다. 예를 들어 그들은 자신들의 저작에서 칼라브리아(우리가 기억하기에)의 한 지방의 조그마한 여인숙에 딸린 간이 식당이 '파업자들'이라는 상호를 쓰고 있다는 사실을 들면서 이를 인터내셔널의 사상이 얼마나 널리 퍼져 있고 깊숙이 퍼져 있는지를 보여주는 증거로 인용한다. 저자들의 지적 성실성을 고려한다면 이는 틀림없이 사실일 것이다. 남부에 어떻게 그렇게 많은 알바니아 출신의 소작농들이 있으며 어떻게 스키페타리skipetari[79]라는 단어가 여러 방언들 속에서 매우 이상하고 기괴한 변형들을 초래했는지를(베네치아 공화국의 문서에서도 시오페타S'ciopetà로 구성된 군사적 조직에 대한 언급이 발견될 정도다) 생각해본다면 훨씬 간단히 설명될 수 있다. 당시 이탈리아 남부에 바쿠닌의 이론이 널리 퍼져 있었다기보다는 그 같은 상황 자체가 아마도 바쿠닌에게서 암시되는 이론들을 추종할 만할 것으로 여기게 했을 것이다. 남부의 가난한 농민들은 분명 바쿠닌의 두뇌가 '모든 것을 때려 부수는 파괴'를 고안하기 훨씬 이전에 '파괴'에 대해 생각했다.

손니노와 프란케티의 정부 계획은 시작되지도 못했다. 사실 그럴 수도 없었다. 국민 경제와 국가 조직 안에서의 남부와 북부 사이의 관계의 요점은, 경제적 특성상 광범위한 중간 계급의 탄생 이후에 다시 나타난 광범위한 자본주의적 부르주아의 출현이 거의 불가능하다는 이유 때문에 실현이 불가능했다. 세제와 관세 체계로 인해, 기업체의 소유주인 자본가들이 그 지역 사람이 아니면 발생한 이윤을 발생한 지역에서 새로운 자본으로 전환시키지 않기 때문에 남부 지역에서는 자본 축적과 저축 증대 역시 완전히 불가능해진다. 20세기 들어 이민 현상이 집단적이고 대규모적인 형태를 띠면서, 그리고 미국에서 유입되는 송금이 밀려들면서, 자유주의 경제학자들은 득의양양하게 외쳐댔다. "손니노의 꿈이 실현되었다. 남부에서 천천히, 그러나 분명하게 입증된 조용한 혁명은 국가의 모든 사회적·경제적 구조를 변화시킬 것이다." 그러나 국가가 개입함으로써 조용한 혁명은 태어나자마자 숨이 막혀버렸다. 정부는 일정한 이자율로 국채를 발행했고, 이민자들과 그 가족들은 조용한 혁명의 대행자에서 북부의 기생적 산업을 보조하기 위한 대행자로 바뀌었다. 니티는 남부의 농업 블록 외부의 형식적이고 민주주의적인 계획에서, 손니노의 기획을 실현할 수 있는 유력한 실행자인 것처럼 보였던 인물이지만, 실상 그는 남부 저축의 마지막 원천을 긁어모으기 위한 북부 자본주의의 가장 뛰어난 대행자였다. 할인 은행으로부터 모인 수십억 리라는 거의 대부분 남부에서 저축된 돈이었는데, 실제로 이탈리아 할인 은행의 40만 예금주들 대부분이 남부의 저축자들이었다.

남부에서는 농업 블록 위에서, 지금까지 농업 블록의 균열이 너무 위태로워지거나 블록의 붕괴로 이어지게 되는 상황을 예방하는 데 실제적으로 봉사해온 지식인 블록이 작용하고 있다. 포르투나토와 크로체가 이러한 지식인 블록의 대표자들이며, 따라서 이들은 이탈리아에서 가장 활발한 반동적 인물들이라고 여겨진다.

　우리는 앞에서 이탈리아 남부가 극도의 사회적 분열 지역이라고 이야기했다. 이러한 공식은 농민들뿐만 아니라 지식인들에게도 적용될 수 있다. 남부에는 광대한 토지 자산과 더불어, 개인적 형태이든 위대한 지식인들의 소그룹 형태이든 간에 지적이고 거대한 문화적 축적이 존재해왔다. 이러한 문화적 축적이 존재하고 있었음에도 불구하고 동시에 평균적인 문화 조직이 하나도 존재하지 않았다는 것은 주목할 만한 사실이다. 남부에는 라테르차 출판사와 《라 크리티카 *La Critica*》, 위대한 학풍이 넘치는 문화 사업과 학파가 있다. 그러나 남부 주변에는 중소 규모의 문화지도, 남부 지식인의 중간적 단위 그룹들을 구성할 수 있는 출판사도 없다. 농업 블록에서 벗어나 남부 문제에 급진적 방식으로 접근하려 했던 남부 사람들은 남부 바깥 지역에서 출판되는 평론지에서 자신들이 환영받았다는 사실을 깨닫고 이 평론지들 주변으로 모여들었다. 아니, 심지어 20세기에 이탈리아 중부와 북부에서 발생한 중간 계층 지식인들에게서 유래한 거의 모든 문화적 주도권들이 남부주의에 의해 특징지어진다고 말할 수 있다. 그들은 남부 출신 지식인들에게서 강한 영향을 받았기 때문이다. 피렌체 지식인 집단을 위한 모든 평론지(《소리》,《통일》), 기독교 민주주의자들을 위한 평론지(체세나의《행동》), 보렐리Giovanni Borelli가 출판한 에밀리아와 밀라노의 젊은 자유주의자들을 위한 평론지(볼로냐의《조국*La Patria*》이나 밀라노의《행동》), 그리고 끝으로 고베티Piero Gobetti의《자유주의 혁명*Revoluzione Liberale*》 등이 남부 지식인들에게서 강한 영향을 받았다. 물론 여기서 이러한 모든 운동의 최고의 정치적·지적 중재자는 포르투나토와 크로체다. 지나치게 한정된 농업 블록의 범주보다 훨씬 넓은 범위에서 그들은 남부 문제에 대한 설정을 일정한 한계를 넘지 않으면서도 혁명적인 것으로 발전되지 않는 수준에서 상정하려 했다. 그들은 남부의 전통적인 지역에서 성장했으나 유럽과 연결될 만한, 따라서 세계 문화와 연결될 만한 높은 수준의 문화적·지적인 능력을 지닌 사람들이었다. 그들은 남부의 교육받은 젊은이들의 가장 진솔한 대표자들로서 이 젊은이들의 지적인 요구를 만족시키기 위해, 또한 현존하는 조건들에 반대하면서 나아가려는 이들의 불안한 충동들을 잠재우기 위해, 사고와 행동에 있어서 계급적 평온함이라는 온건 노선에 의해 나아갈 수 있도록 이들을 이끌기 위해 필요한 모든 재능을 가지고 있었다. 소위 네오 프로테스탄트 또는 칼뱅주의자라고 불리는 그들은 어째서 이탈리아에서 대중적 종교 개혁이 불가능했는지를 이해하지 못했고, 문명의 근대적 조건 때문에 역사적으로 유일하게 가능한 개혁은 크로체 철학뿐이었다는 사실을 이해하지 못했다. 이 철학과 함께 사고의 방법과 방향이 변화했으며 가톨릭과 신화에 근거한 여타 모든 종교를 초월해 새로운 세계관이 구축되었다. 이러한 의미에서 크로체는 매우 중요한 '국민적' 기능을 완수했다. 그는 남부의 급진적 지식인들을 농민 대중으로부터 분리시킴으로써 그들이 국민적이고 유럽적인 문화에 참여하게 만들었으며, 이러한 문화를 통해 이 지식인들이 국민적 부르주아 계급에 그리고 결국 농업 블록에 동화될 수 있게 만들었다.

《새로운 질서》와 토리노의 공산주의자들은 어떤 의미에서는 이미 우리가 언급한 지적인 구성들에 연결될 수 있다. 그 결과 그들 역시 포르투나토와 크로체의 영향을 받았다고 하더라도 그들은 그러한 전통과의 완전한 단절과 함께 이미 몇 가지 결실을 거두고 있다. 또한 그들은 앞으로도 여전히 계속될 새로운 전환의 시작을 대표한다. 이미 언급했듯이 토리노의 공산주의자들은 도시 프롤레타리아 계급을 이탈리아 역사, 따라서 남부 문제의 근대적 주인공으로 설정했다. 또한 그들은 프롤레타리아 계급과 좌파 지식인들의 특정 계층 사이의 매개자로 기능하면서, 비록 완전하지는 않지만 그들의 사고 방향을 어느 정도 눈에 보일 만큼 변화시키는 데 성공했다. 이에 대해 주의 깊게 생각해보면, 고베티 같은 인물의 기본적 사상 요소가 앞서 이야기한 매개자적 요소임을 알 수 있다. 고베티는 공산주의자가 아니었으며 결코 공산주의자가 되고자 하지도 않았지만, 프롤레타리아트의 사회적·역사적 위치를 이해했다. 그리고 이러한 요소를 이끌어내지 않고는 더 이상 그같이 생각하는 데 성공할 수 없었을 것이다. 신문을 통해 고베티와 함께 작업하면서 우리는 고베티로 하여금 이전에 그가 단지 책 속의 공식을 통해서만 알고 있었던 살아 있는 세계와 접촉할 수 있게 했다. 그의 가장 두드러진 성격은 지적인 정직성과, 부하 직원들에게 명령할 때 흔히 나타나는 어떤 종류의 비열함이나 자만심이 없다는 점이다. 이런 성격 때문에 그는 프롤레타리아 계급에 대한 전통적인 생각과 외형적으로 보이는 이 계급의 일련의 모든 방식이 위조되었으며 부당하다고 스스로 결론을 내릴 수밖에 없었던 것이다. 프롤레타리아 세계와의 이러한 접촉이 고베티에게 어떤 점에서 중요한가? 그것은 우리가 지금 논의하고 깊이 파고들고 싶지 않은 하나의 개념, 즉 많은 부분에서 생디칼리슴과 생디칼리스트적인 지식인들의 사고방식에서 다시 한번 돌이켜볼 수 있는 개념에 대한 기원과 자극이다. 여기서는 자유주의의 원칙들이 개인적 현상들에서 대중적 현상들의 순서

로 투사되면서 도출된다. 개인의 생활에서 신망과 탁월함 같
은 질적인 것들은 계급 안으로 이전되며, 이는 마치 집합적인
개인성처럼 받아들여질 수 있다. 이와 같은 개념은 대개 개념
에 대해 장점과 단점을 단순히 판단하거나 기록하는 것으로
나타나며, 상벌 부여자나 논쟁 조정자와 같은 다소 증오스럽
고 경솔한 심판관 같은 위치에서 개념을 공유하는 지식인들
사이에서 나타난다. 고베티는 실천을 통해 이러한 운명을 극
복했다. 그는 자신이 매우 재능 있는 문화적 조직가임을 보여
주었고 최근에는 노동자들에 의해 경시될 수도 없고 낮게 평
가될 수도 없을 만한 중요한 역할을 수행했다. 그는 1919년~
1921년에 프롤레타리아 계급이 부르주아보다 더 우월한 지
배 계급이 될 것이라고 생각했던 사람으로, 훨씬 더 정직하고
진지한 지식인 그룹이 더 이상 뒤처지지 않을 만한 참호 하나
를 찾아냈다. 어떤 사람들은 선의로 혹은 솔직하게, 또 어떤
이들은 지나친 악의로 혹은 거짓으로, 고베티가 위장한 공산
주의자에 불과하다거나 그가 공산당 앞잡이는 아니더라도 적
어도《새로운 질서》의 공산주의자 그룹의 앞잡이라고 말하곤
했다. 그런 어처구니없는 소문은 부인할 필요조차 없다. 고베
티라는 인물과 그가 대표한 운동은 이탈리아의 새로운 역사
적 환경의 자생적 산물이었다. 바로 여기에 그의 의의와 중요
성이 있다. 때때로 우리는 우리 당 동지한테서《자유주의 혁
명》의 사상적 조류에 맞서 투쟁하지 않았다고 비난받곤 했

다. 그러나 오히려 이러한 투쟁이 없었다는 사실이 우리와 고베티 사이의 유기적 연계, 즉 마키아벨리적 특징의 증거로 여겨졌다. 우리가 고베티에게 대항해 싸울 수 없었던 것은, 적어도 그가 운동의 주요 노선에 있어서만큼은 반대해서는 안 될 운동을 지향하고 대변했기 때문이다. 이것을 이해하지 못한다는 것은 지식인 문제와, 지식인들이 계급 투쟁에서 지향하는 기능을 이해하지 못한다는 것을 의미한다. 고베티는 실제로 우리를 다음과 같은 계층들과 연결하는 역할을 했다. 1) 그는 1919년에서 1920년 사이에 발생한 프롤레타리아 독재에 우호적 입장을 채택했던 자본주의적 토양에서 태어난 지식인들과 우리를 연결하는 역할을 했다. 2) 그는 북부 프롤레타리아 계급에 남부 문제를 도입하는 과정에서 좀 더 총체적인 연결을 통해 전통적 영역과는 다른 영역 위에 남부 문제를 상정했던 일련의 남부 지식인들과 우리를 연결하는 역할을 했다. 이러한 지식인들 가운데 도르소는 가장 중요하고 흥미로운 인물이다. 왜 우리가 《자유주의 혁명》의 운동에 맞서 투쟁할 필요가 있었겠는가? 혹시 그 운동이 우리의 강령과 교의를 처음부터 끝까지 하나도 빠짐없이 받아들여야 할 순수한 공산주의자들로 구성되지 않았기 때문에 그래야 했던가? 이러한 요구는 정치적으로나 역사적으로나 역설일 것이기 때문에 허용할 수 없다. 지식인들은 자신들의 특성 그 자체와 역사적 기능 때문에 다른 사회 집단들에 비해 훨씬 느리게 발전한다. 그들은 민중의 모든 문화적 전통 전체를 대변하며, 민중에 관한 모든 역사를 종합하고 다시 해석하고자 한다. 이는 특히 농민의 땅에서 태어난 지식인, 즉 아주 전형적인 구식 지식인들에게 적용되는 것이다. 그러한 지식인을 하나의 대중으로서 새로운 이데올로기 영역에 완전하게 정립시키기 위해 모든 과거를 부정할 수 있다고 생각하는 것은 어리석다. 지식인을 하나의 대중 전체로 생각하는 것은 어리석다. 또한 지식인들이 했고, 하려고 했던 모든 진솔한 노력에도 불구하고 대다수의 지식인들을 개인적으로 설정하는 것 역시 아마 어리석을 것이다. 이제 우리는 단지 개개인뿐 아니라 대중으로서의 지식인들에게도 관심을 가져야 한다. 한 명 또는 그 이상의 지식인들이 개인적으로 프롤레타리아 강령과 교의에 충실하다거나 프롤레타리아 안에 융합되는 것, 혹은 프롤레타리아와 같이 느끼며 자신들을 통합적 부분으로 인식하는 것 역시 프롤레타리아 계급에게 매우 중요하고 의미 있는 일임에 틀림없다. 하나의 계급으로서 프롤레타리아 계급은 조직적 요소가 부족하고 자신만의 지식인 계층을 가지고 있지도 않으며, 아주 느리고 힘들게 그리고 오직 국가 권력을 장악한 이후에야 비로소 그러한 지식인 계층을 형성할 수 있을 뿐이다. 그러나 지식인 대중에게서 역사적으로 특징지어지는 유기적 성격의 파편이 발생한다는 것 역시 중요하고도 유용한 일이다. 하나의 대중이라는 전체의 형성을 통해 현대적 의미에서의 좌파적 경향, 즉 혁명적 프롤레타리아 계급을 향한 방향성을 갖는 좌파적 경향을 형성해야 한다. 이 같은 구성을 위해서는 프롤레타리아 계급과 농민 대중 사이의 동맹이 특별히 요구된다. 더욱이 프롤레타리아 계급과 남부의 농민 대중 사이의 동맹이 그러한 지식인 구성을 더욱 필요로 하게 된다. 프롤레타리아 계급이 자신들의 당을 통해 항상 주목할 만한 가난한 농민 대중을 자율적이고 독립적인 구성체로 조직하는 데 성공할 때에만 남부 농업 블록이 해체될 것이다. 하지만 이는 농업 블록 내에 존재하는 유연하지만 너무나 견고한 철옹성인 지식인 블록을 해체시킬 수 있는 프롤레타리아 계급의 능력에 따라서 이러한 필수 불가결한 프롤레타리아 계급의 과업을 다소 확장시킬 때에만 성취될 수 있을 것이다. 이러한 과업의 해결을 위해 프롤레타리아 계급은 고베티의 도움을 받았다. 그리고 우리는 이 망자[80]의 친구들이 그의 지도 없이도 거대하고 너무나 험난한 과업을 계속할 수 있으리라 생각한다. 그러나 이 과업은 프롤레타리아와 농민만이 본질적으로 국민적인 존재와 미래의 전달자가 될 수 있다고 이해했던 오직 두 사회 세력, 즉 북부와 남부의 지식인들(그리고 이 지식인들은 여러분이 생각하는, 여기에 속한 28명보다 훨씬 많다)의 모든 죽음(고베티의 경우처럼 심지어 죽음까지 감수하는 그런 희생)을 감수할 만한 가치가 있는 바로 그러한 진취적인 과업이다.

그람시 사상의 출발점,
남부 문제

1. 남부 문제의 시작

영토 안 곳곳에 살고 있는 사람들에게 국민이라는 이름을 강제적으로 부여한 '국민 국가'가 출현한 이후 끊임없이 지역 문제가 등장해왔다. 물론 근대적 국가가 등장하기 이전에도 지역 문제는 존재했고, 지역 간 갈등이나 충돌의 문제는 앞으로도 여전히 논쟁의 중심 주제가 될 것이다. 인종, 종교, 문화의 차이에 이르기까지 지역 문제의 원인은 매우 다양하다. 이를 해결하기 위한 수단 역시 여러 형태로 나타나 인류는 전쟁과 같은 극단적인 무력 사용에서 합법적인 분리까지 각각의 사정과 정황에 맞는 해결책을 동원해왔다.

여러 민족이 흩어져 살아온 유럽은 지역 문제를 안고 있는 전형적인 지역이다. 게다가 종교 문제까지 개입돼 있어서 유럽에서는 지역 문제를 둘러싼 수많은 유·무혈 사건들이 발생해왔다. 오늘날 갈등의 원인이 여전히 외형적으로 상존하는 곳도 있고, 겉으로는 아무 문제가 없어 보이지만 국가적 해결 과제로서 지역 문제가 상정돼 있는 곳도 있다. 이탈리아는 바로 후자에 해당되는 지역이자 국가다. 전체 국민의 90퍼센트 이상이 가톨릭 신자인 이탈리아는 종교적으로 통일되어 있고, 로마 시대를 거쳐 르네상스를 꽃피운 유럽 문화의 진원지였으며, 파시즘이라는 전체주의를 경험했다. 이런 이탈리아가 지역 문제를 안고 있다는 것이 이상하게 들릴 수도 있다. 그러나 이탈리아에는 늘 지역 문제가 존재해왔다.

역설적이게도 이탈리아에서는, 근대 이탈리아가 통일을 이루면서 오히려 지역 문제가 국가적으로 해결해야 할 가장 커다란 문제이자 국가 정책의 대상이 되었다. 중세 이후 이탈리아 반도는 사분오열되어 유럽 열강들의 각축장이자 세력 균형의 마당 노릇을 충실히 하고 있었다. 그러나 전 유럽에 불어 닥친 '민족'이라는 열망과 명분은 급기야 1848년과 1849년의 혁명[81]으로 이어졌고, 유럽 각지에서 민족 국가가 탄생하기 시작했다. 이탈리아 반도에도 이러한 민족적 혁명의 열기가 전해졌다.

나폴레옹의 오랜 지배와 오스트리아와의 전쟁을 겪으면서 이탈리아 국민은 국가 정체성과 국민성에 눈을 떴고, 이탈리아에서는 오랫동안 반도 전역에 영향을 미치고 있던 마치니 Giuseppe Mazzini의 사상을 중심으로 독립의 움직임이 일어났다. 그러나 여러 지역으로 분할되어 있던 이탈리아를 하나로 모으기에는 지역 분파성이 너무나 컸다. 1849년에 혁명 헌법을 도입한 지역 정부들은 통일에 대한 의지나 열망을 거의 갖고 있지 않았다. 더욱이 1848년과 1849년의 혁명 실패 이후 유럽에서 불기 시작한 구질서의 바람은 이탈리아를 원래 상태로 되돌려놓았다. 이로 인해 자유주의 공화국이던 토스카나 공국을 비롯해 마치니의 로마 공화국과 베네치아 공화국까지 모두 구체제로 복귀하게 되었다.

이러한 상황에서 이탈리아 국가의 성립은 피에몬테 주를 지배하던 사보이 왕가의 손에 맡겨졌다. 이탈리아 반도의 다른 곳에서 부는 복고의 바람에도 불구하고 굳건히 자유주의적 헌법 정신을 고수하던 피에몬테 왕국은 행정부와 의회의 관계를 새롭게 정립하는 등 신흥 열강으로 나아갈 수 있는 제도를 완비하는데, 이러한 과정의 중심에 섰던 사람이 바로 카보우르Camillo Benso Cavour다. 그는 1861년 사망할 때까지 피에몬테 왕국의 정치적 핵심 인물로서 왕국의 번영과 발전을 주도했다. 그러나 그는 진정으로 이탈리아의 통일을 원했다기보다는 피에몬테의 발전에 도움이 되는 경우에만 이탈리아의 독립적 지위, 좀 더 정확히 말해 피에몬테의 영토 확장을 원했다. 왕국의 세력 확장과 번영이라는 카보우르의 의도는, 이탈리아 통일의 또 다른 핵심 인물이었던 가리발디Giuseppe Garibaldi의 반감을 샀다.

카보우르가 외교 기술로 왕권과 지배 계층의 이해를 대변한 데 비해 가리발디는 무력을 통해 민중의 의지를 대표했다. 1859년 4월에 일어난 시칠리아 농민 봉기를 계기로 가리발디가 민족적 대의를 위해 이탈리아 남부 원정에 오르면서 이탈리아 반도는 커다란 전환점을 맞았다. 이에 위기 의식을 느낀 카보우르는 주도권을 선점하기 위해 가리발디에게 왕정 형태의 정부 수립을 위한 투표를 제안하면서 그를 설득했다. 시칠리아에서 먼저 실시된 투표의 결과는 카보우르의 구상이 구체화되는 데 기여했고, 그때까지 독립적이었던 교황령을 장악하기 위해 사르데냐의 국왕 비토리오 에마누엘레 2세는 군대를 이끌고 움브리아와 마르케 지역을 장악했다. 계속 남진하던 비토리오 에마누엘레 2세는 나폴리 부근의 테아노에서 가리발디를 만나는데, 여기서 가리발디가 자신이 정복한 이탈리아 남부의 땅을 비토리오 에마누엘레 2세에게 헌납함으로써 통일 이탈리아가 성립되었다.

너무나 우연히 찾아온 이탈리아의 통일은 그 기쁨과 흥분이 채 가시기도 전에 커다란 어려움에 봉착했다. 갑자기 통일을 손에 쥔 피에몬테 왕국은 아무런 대책이나 계획 없이 국가 체계를 피에몬테 방식으로 바꾸기 시작했다. 행정, 법령, 조세, 무역 등 거의 모든 국가 체계를 피에몬테식으로 바꾸었다. 경제적·사회적·정치적 여건이 너무 다른 남부와 피에몬테 중심의 이탈리아 통일은 부조화의 극치였다. 심지어 이탈리아 국민들은 피에몬테를 정복자로 받아들였고 자신이 살고 있는 땅이 정복당했다는 생각까지 갖게 되었다.

이탈리아 반도는 통일되었지만 지역 간 불균형과 갈등이 새로운 문제로 떠올랐다. 이후 약 150년이 지난 오늘까지 이탈리아의 지역 문제는 '남부 문제'라는 이름으로 이어지고 있다. 당대의 지식인들을 비롯해 위정자들은 통일 이탈리아의 구조적 사회 문제인 남부 문제를 해결하기 위해 다양한 방법과 연구 결과물을 제시했다. 이와 같은 관점에서 이탈리아 남부 문제가 형성된 역사 그리고 주요 사상가와 정치가들에 의해 구상된 정책과 입장을 살펴보는 것은 이탈리아 남부 문제의 현대적 의미를 이해하는 데 반드시 필요하다. 특히 이탈리아 남부 문제는 영·호남 지역 문제가 정치적 화두로 남아 있는 한국의 상황을 되돌아보는 데에도 중요한 의의를 갖는다. 이 책에서 우리의 지역 문제를 본격적으로 다루지는 않지만, 이탈리아 남부 문제를 지역 문제로 이해한다는 측면에서 이탈리아와 우리의 역사적 배경을 간단히 비교하는 것도 의미가 있을 것이다.

한국의 지역 문제는 정당성을 갖지 못한 과거의 집권자들이 자신의 출신 지역에서 정치적 지지를 구하려 애쓰는 과정을 통해 고착화되었고, 따라서 인위적인 성격이 강하다. 이에 반해 이탈리아 남부 문제는, 준비 없이 이루어진 통일 과정에서 불거져 통일 이후 경제적 상황과 관련해 고질적이고 해결하기 어려운 문제로 고착된 것이고, 현재까지도 해결되지 않은 채 남아 있다. 따라서 한국과 이탈리아의 지역 문제의 출발점과 전개 과정은 서로 다르다.[82] 그러나 출발점은 달라도 지역 문제의 전개 양상이 매우 정치적이었다는 공통점이 있다.

한편 현재 이탈리아의 남부 문제는 외국인 노동자 문제와 관련해 새로운 양상으로 전환되는 과정에 있는데 이는 우리의 경우와는 다소 다른 모습이다. 한국의 경우 영·호남 지역 문제가 외국인 노동자 문제로 연결되지는 않고 있지만, 이탈리아를 비롯한 유럽에서는 지역 문제가 불법 외국인 노동자 문제로 대치되면서 인종주의와 인권의 문제가 부각되고 다민족주의라는 새로운 사회 현상이 등장하고 있다. 이는 우리의 영·호남 문제가 앞으로 유럽의 현상과 유사한 방향으로 전개될 수도 있음을 시사해준다.

2. 남부 문제의 형성과 진행 과정

한국에서 이탈리아의 남부 문제는 그람시를 통해 소개되었다.[83] 그러나 이탈리아의 남부 문제는 그람시 이전에 이미 시작되었으며, 그람시가 이 문제를 자신의 사상적 맥락에 하나의 중심 주제로 받아들인 것이라고 보는 것이 적절하다. 따라서 이탈리아 남부 문제 형성의 역사적 개요와 흐름을 이해하는 것은 그람시를 이해하는 데 있어서 필수적이다.

이탈리아 통일 주역 중 한 사람인 카보우르부터 그람시에 이르기까지 당대의 주요 사상가들은 이탈리아 남부 문제를 나름의 시각으로 바라보았다. 방법론적으로 시각의 유형을 구분하는 기준은 여러 가지가 있겠지만, 여기서는 크게 두 가지로 구분해보겠다. 첫째는 부르주아 사상가들의 시각으로, 이들은 지배적 관점에서 이탈리아 남부 문제를 통일 국가의 사회 문제로 보고 그에 따른 해결 방안을 제시했다. 둘째는 그람시에 이르기까지 좌파적 시각을 가진 사상가들의 시각으로, 이들은 피지배적 관점에서 사회주의적으로 이탈리아 남부 문제에 접근했다.

여기서 이 관점들을 모두 다루기는 어렵겠지만, 이탈리아 남부 문제의 형성과 역사에 대한 개괄적인 소개는 그람시에 대한 이해뿐 아니라 이탈리아의 통일 이후 150여 년이라는 긴 시간이 지났음에도 여전히 이탈리아에서 남부 문제가 사회성을 갖는 여러 가지 이유를 설명하는 데 필요하다. 그 이유는 이탈리아 남부의 특수성에 있을 수도 있으며 이탈리아의 통일이라는 상황 자체가 가진 한계에 있을 수도 있다. 이처럼 이탈리아 남부 문제는 오랜 역사성에서 유래한 것이므로 그 원인을 알아보는 것이 그리 간단한 작업은 아니기에, 그에 대한 논의는 다음 기회로 넘기겠다. 그러나 이탈리아 남부 문제의 여러 가지 원인을 이해하기 위해서는 이 두 가지 시각을 살펴보는 것이 중요하다.

(1) 부르주아적 시각—초기 남부주의자들

부르주아적 시각의 남부주의자[84]들은 카보우르[85]에서 시작해 보수주의적 남부주의자였던 빌라리Pasquale Villari,[86] 손니노,[87] 프란케티,[88] 식민지주의와 황제주의를 표방했던 투리엘로Pasquale Turiello,[89] 남부의 위대한 계몽주의자로 평가받는 포르투나토,[90] 실증주의와 인종주의라는 새로운 관점에서 전개된 남부 문제를 반박했던 정통적 실증주의자이자 연방주의적 공화주의자 콜라얀니Napoleone Colajanni,[91] 통제주의적 발전론자로 평가받는 니티[92]에 이르는 사상가들이다. 이들은 지배 계급의 관점에서 이탈리아 남부 문제를 해석했다.

그중 가장 먼저 남부에 대한 정책적 관심을 표명한 인물인 카보우르는 북부의 산업을 발전시키기 위한 중간 거점으로 남부를 활용하고자 했다. 이는 유명한 아르톰Emilio Artom 경의 논문에서 좀 더 명확하게 표현된다. 그에 따르면 "카보우르는 이탈리아 남부가 동양과 서양을 잇는 교량 역할——철도나 도로를 통해——을 하게 만듦으로써 신생 이탈리아를 보다 빠르게 발전시키려는 의도를 갖고 있었다. 그러나 이같은 그의 의도와 달리 이탈리아 남부는 세계 교통의 중심부에서 벗어나 있었다".[93]

어쨌든 카보우르의 의도와 기도는 성공하지 못했다. 카보우르의 정책은 곧 1차 산업인 농업을 기반으로 하는 지역 지배 계층에게 영향력과 세력 감소를 의미했고, 민중에게는 과중한 세금과 자유 무역 제도에 따른 농업 생활의 붕괴를 의미했기 때문에 지배 계층과 민중 모두에게 받아들여지지 않았다. 이탈리아 통일 후 발생한 남부의 농민 봉기를 도덕적 문제로 치부했던 카보우르는 이러한 벽에 부딪히게 되면서부터 남부 문제를 매우 심각한 사회 문제로 받아들이기 시작했지만, 남부 문제에 대한 해결책을 구상하기도 전에 죽음을 맞았다. 결국 강력한 중앙 집권적 통치 제도를 통해 통합된 이탈리아를 건설한 뒤 차츰 지방에 자치 권력을 이양하는 방식으로 남부 문제를 해결하려 했던 카보우르의 구상은 중앙 집권과 지방 자치 어느 하나도 제대로 실현시키지 못한 채 다른 정치가의 몫으로 남게 되었다.

카보우르의 뒤를 이은 빌라리는 나폴리 부르주아 출신으로, 나폴리를 포함한 이탈리아 남부 사회의 후진성에 대해 가장 먼저 문제 의식을 가졌던 인물이다. 그는 이탈리아의 남부 문제를 해결하기 위해 소작농들에게 일정한 토지가 분배될 수 있도록 하는 제도적 개혁을 주창했지만 이를 실질적인 정책으로 발전시키지는 못했다. 이에 반해 손니노는 남부 문제를 식민지나 이민이라는 정책으로 단순화시켰던 보수주의적 정치가였다. 손니노와 함께 남부 문제에 대한 관심을 표명한 이가 바로 프란케티였다. 손니노와 프란케티는 아부

루조, 몰리제, 칼라브리아, 바실리카타 4개 주의 제반 여건을 조사하면서 이 지역 주민들의 실정이 일반적으로 생각했던 것보다 심각하게 후진적이고 봉건적이라는 사실을 밝혀냈다. 또한 이들은 토스카나를 중심으로 중부 지방에 대한 보고서를 작성했으며, 시칠리아에 대한 보고서도 만들었다. 당시 그들은 남부 문제에 대한 정부의 낙관적인 예상이나 전망과는 전혀 다르게 다소 부정적인 의견을 제시했다. 두 사람 모두 토스카나 출신이었기 때문에 이들은 토스카나를 모델로 삼아 남부 문제의 해결책을 제시했다. 즉 영구 임대 제도나 중산 지주 계급 육성 등의 정책을 통해 내부적 개혁을 주도하고 외부적으로는 이민이나 식민지 확장 정책 등을 병행함으로써 후진적인 상태에 머물러 있는 이탈리아 남부를 발전시킨다는 것이었다.

투리엘로는 신(新)헤겔주의 경향을 받아들여 특히 '힘의 신화'를 철학적 기반으로 삼았다. 그는 당시 신생 이탈리아에서 나타난 사회 문제 중 해결이 시급한 지역 문제였던 남부 문제와, 이탈리아를 유럽의 다른 열강들과 어깨를 나란히 할 수 있을 만큼 선진국으로 발전시키는 문제를 한꺼번에 해결하려 했다. 손니노나 프란케티가 전반적인 사회 문제의 해결책으로 식민지 정책을 제시한 데 비해 투리엘로는 제국주의와 식민지주의를 역사적으로 가장 우월한 정치적·사회적 형태로 보았다. 특히 투리엘로는 식민지주의를 모든 세계 역사의 근간을 이루는 대외 정책으로 보았으며, 이에 대한 이론적 근거로 다윈의 진화론을 거론하면서 진화론을 전쟁과 투쟁의 촉진제로 보았다. 투리엘로는 이탈리아 남부 문제에 실제적으로 접근하고 중세적인 동시에 지나치게 분권적인 이탈리아를 통합시키려 한 반면, 국가 지상주의와 식민지 전쟁에 대한 주장을 통해 이탈리아를 전체주의에 빠뜨릴 위험을 초래했다는 점에서 긍정적 평가와 부정적 평가를 함께 받은 보수주의자이다.

포르투나토는 부르주아의 관점에서 가장 위대한 남부주의자로 평가받는 사람이다. 이탈리아 남부 문제를 해결하기 위해 그가 제시한 방법 중 가장 유명한 것은 곡물의 저장 수단과 방법의 사유화를 개혁하는 것이었다. 당시 남부에서 쉽게 볼 수 있던, 농민들에 대한 불법 착취와 수탈의 전형적 방법은 고리대나 소작료 같은 농민 부채를 곡물 저당으로 상계하는 것이었다. 이러한 제도는 통일 이후 새로 제정된 법률에 의해 시행되었지만, 이로 인해 어려운 농민들이 노예 같은 상태에서 벗어나기가 더욱 힘들어졌다. 이 문제를 해결하기 위해 포르투나토가 주장한 것이 바로 인민 상호 부조 은행의 설립이었다. 또한 그는 사회주의적 관점에서 이탈리아 남부 문제의 진정한 사회적 해결을 위해 토지 국영화 정책을 제안하기도 했다. 이를 실천하기 위한 구체적 방법으로는 소규모 토지 소유자들의 토지를 국가 관할 아래 두고 토지 구획화를 통해 영구 임대하는 방안을 제시했다. 그가 이러한 정책들을 제시한 것은 중앙 집권적이고 윤리적인 강력한 국가, 개혁적 의지와 에너지가 넘치는 보수적 색채가 짙은 중앙집권 정부가 추진하는 국가 개발 계획에 남부 문제에 대한 정책을 포함시키기 위해서였다.

이후 19세기에 들어와 거의 모든 학문 분야에서 실증주의라는 사조가 지배하게 되면서 이탈리아 남부 문제를 인종주의적으로 분석하려는 시도가 이어졌다. 이러한 연구는 이탈리아 남부 사람들이 생물학적으로 열등하다고 분석했는데, 이에 맞서 콜라얀니는 좀 더 과학적이고 사회주의적인 분석 방법을 제시했다. 그는 이탈리아 남부 문제를 특정한 지역주의의 시각이 아니라 이탈리아 남부 전체를 의미하는 좀 더 확장된 시각, 즉 유럽적인 시각에서 보았다. 그의 저술 곳곳에서는 특히 부패한 행정부나 관료에 대한 비판이 나타난다. 그는 중앙 집권 체제의 모순과 한계 등을 날카롭게 지적하면서 카타네오Carlo Cattaneo식 연방주의94에 많이 동조했다. 콜라얀니는 연방주의를 북부와 남부 사이의 대립을 공식적으로 해결하기에 가장 적합한 시도이자 중앙 집권 체제에 대한 대항책으로 보았다. 그러나 무엇보다 이탈리아 남부 문제에 대한 콜라얀니의 가장 큰 공헌은 당대의 인종학적 실증주의자들에게 이론적으로 맞서서 이탈리아 남부 문제를 분석하고 연구했다는 데 있다. 그는 남부 사람들의 생물학적 열등

함에 주목한 인종학적 실증주의자들에게, 모든 인종은 역사적으로 경제적·문화적 부침을 겪으며 이는 시대의 사회적·정치적 요소에 따른 것일 뿐 영속적이고 결정적인 것은 아니라고 반박했다. 그리고 이러한 주장을 이탈리아 북부와 남부를 분석하는 데 적용했다. 즉 역사적으로 이탈리아 남부에서는 농업을 기반으로 대지주, 문맹, 넓게 퍼져 있는 조방(祖放)적 문화, 커뮤니케이션 도구의 부족과 지체 등의 사회적 요소들이 형성되었고 이러한 요소들이 이탈리아 남부 사회의 특징을 결정했으며, 이에 반해 북부에는 산업 발전, 중소 지주와 계급의 존재, 집중 생산성에 따른 인구 분산, 높은 문자 해독률, 기술적 문화 요소들이 있다는 것이다.[95] 따라서 그는 북부와 남부의 사회적 차이에 기반을 둔 국가 정책, 통합적인 사회로 변형시킬 수 있는 정책이 필요하다고 역설했다.

니티는 이탈리아 남부 문제의 해결책으로 교육을 제시했다. 또한 그는 이탈리아 북부의 선진화된 강력한 자본력으로 남부의 경제를 개발하고 남부 농업의 역동성을 일깨워야 한다고 주장했다. 니티가 제시한 구체적인 정책으로는 이탈리아 남부에서 세금 감면을 통해 창출된 수익을 산업 자본화하는 것이 있다. 그는 또한 정치 체제면에서 포르투나토 이론의 전통을 받아들여 강력한 중앙 집권 정부 체제를 선호했다. 그래서 그는 주요 산업 기반을 국유화하는 경제 계획을 주장하고 보호 무역주의를 주창함으로써 전체주의적이고 통제주의적인 국가를 위한 정책을 입안했다. 결국 니티는 신생 통일 왕국의 발전이라는 측면에서 남부 자본주의 산업의 발전을 제시한 것이지, 이탈리아 남부의 발전을 위해 남부의 산업화를 주장한 것은 아니다. 자본주의 체제를 바탕으로 하는 국가의 균형적 발전을 위한 제안으로서 이탈리아 남부 문제의 해결책을 제시했다는 것이다. 그가 졸리티 정부와 오를란도 정부에서 산업 정책을 입안할 때 보여준 성향이나 정치적 행보, 그리고 여러 저서에서 엿보이는 혼돈과 혼란에서 오는 사상적 모호함은 후대 비평가들로 하여금 그를 여러 각도에서 평가하게 했다. 니티 자신이 좀 더 명확하고 일관된 사상적 기반을 보여주지 못함으로써 후대의 비평가들에게 다양한 성격을 지닌 남부주의자로 해석되는 빌미를 제공한 셈이다.

이처럼 카보우르에서 시작해 빌라리, 손니노, 프란케티, 투리엘로, 포르투나토, 콜라얀니, 니티에 이르는 초기 남부주의자들은 지배 계급의 관점에서 이탈리아 남부 문제를 해석했다. 이 사상가들의 가장 큰 공통점은 모두 지배 계층 출신이며, 자본주의적 교육과 훈련을 통해 사상을 형성했다는 것이다. 이들이 부르주아 지배 계급의 관점을 대표한다고 할지라도 이들의 연구 성과들이 보여준 영향력은 적지 않다. 이들의 연구 결과와 경향은 동시대의 또 다른 시각에 접목되었다. 그것은 바로 피지배적 관점에서 이탈리아 남부 문제를 다룬 일단의 학자들과 정치가들의 시각이다.

(2) 사회주의적 시각―후기 남부주의자들

이탈리아 남부 문제에 대해 사회주의적 시각을 취한 사람들은 치코티[96]에서 그람시에 이르는 후기 사상가들이다.

치코티 이후 이탈리아 남부 문제에 대한 관점은 자유주의적이거나 보수주의적인, 부르주아 지배 중심의 시각에서 탈피하며, 이때부터 사회주의적 시각에 따른 연구와 방향이 등장한다. 사회주의적 성향을 지닌 치코티는 빌라리의 도덕주의적 관점을 부정하고 계급 간의 투쟁이라는 새로운 개념을 제시했다. 전투적 사회주의자 성향의 남부주의자였던 치코티가 제기한 근본적인 문제는 미성숙한 자본주의 시장 경제 구조와 사회주의 정당이 결여되어 있는 두 가지 조건을 지닌 이탈리아 남부를 학문적으로 규명하기 위한 것이었다. 그는 이탈리아 남부에 독자적 시장이 있는지, 자체적인 반동적 보수를 지닌 이탈리아 자본주의적 구조가 존재하는지, 그리고 자본주의적 기반을 전복할 만한 직접적인 사회주의 정당이 존재하는지에 대해 연구했다.[97]

치코티는 남부 농민들의 열악한 상태와 영세 가내 수공업적인 중소기업의 분포에 관심을 두었다. 그는 이 중소기업들의 낮은 생산성으로 인해 남부의 대규모 생산업자들은 공격적이고 강력한 북부 산업 부르주아 계급의 지원을 받고 있으며, 따라서 남부의 이익을 대변하기보다는 북부의 이익을 대변하고 있다고 주장했다. 그리고 이런 상황에서 결국 남부는 북부의 발전을 위한 희생양이 될 뿐이며, 국가의 정책 역시 이를 정당화하기 위한 도구에 지나지 않는다고 역설했다. 치코티는 이 같은 상황에서 어느 한쪽으로의 경제적 통일, 즉 완전한 산업 국가나 농업 국가로의 재편이나 형성은 불가능하며, 이는 산업 국가로의 편제를 지나치게 급작스럽게, 그것도 남부 농민 대중의 희생을 통해 이룩하려는 지배 계급의 경제 정책과 산업 자본주의일 뿐이라고 보았다. 당대의 상황을 고려한다면 이는 어느 정도 근거 있는 논리였다.

치코티에 이어 등장한 사상가는 살베미니[98]다. 그람시에게 직접적으로 많은 영향을 준 살베미니에 의해 이탈리아 남부 문제가 대중적인 문제로 확산되었다. 이전까지 이탈리아 남부 문제는 주로 정치적·정책적 차원에서 국가 지도층에 의해 다루어졌다면 살베미니는 이탈리아 남부 문제가 대중이라는 존재에 초점을 맞추는 쪽으로 이전되고 발전될 수 있는 계기를 마련했다. 살베미니는 기존의 남부주의자들이 공통적으로 기반을 두고 있던 도덕적 인식과는 다른 문제 의식을 갖고 있었다. 즉 기존의 남부주의자들 사이에서는 이탈리아 남부 문제가 자연적·도덕적·윤리적으로 형성된 정신적인 문제라는 생각이 지배적이었던 데 반해, 살베미니는 이탈리아 남부 문제를 사회적 모순과 구조의 불균형에 기인하는 사회 문제로 바라보았다. 특히 지배자의 관점이 아니라 피지배자의 관점에서 선구적으로 바라보았다. 이탈리아 남부 문제의 역사에서 살베미니가 취한 시각은 두 가지 측면에서 중요성을 갖는다. 첫째, 그는 남부 농민 대중을 이탈리아 남부 문제의 주역으로 등장시킬 필요성을 처음으로 제기했다. 방법론은, 남부 농민 대중만의 역량에 기대기보다는 북부의 사회주의나 프롤레타리아에게서 도움을 받거나 그들과 동맹을 맺음으로써 남부 농민 대중이 이탈리아 남부 문제의 주역이 되도록 한다는 것이었다. 둘째, 그는 국가보다는 정당과 계급을 통해 이탈리아 남부 문제를 해결할 것을 주장했다. 이는 살베미니의 사상이 그람시의 사상으로 연결되는 중요한 고리가 된다.

이후 스트루초Luigi Struzo[99]는 모두가 가톨릭이라는 공통점에 근거해 이탈리아 남부 문제를 전 국민적 사회 문제로 인식했다. 스트루초는 가톨릭 수도사이자 20세기 초에 이탈리아 인민당을 이끌면서 정치적으로 중요한 역할을 담당했던 인물이다. 보수적인 가톨릭계에서 사회적 가톨릭주의라는 이름으로 진보적 색채를 띤 세력이 독일을 비롯해 대부분의 유럽 국가에서 이미 상당히 확산되었지만 이탈리아에서는 이들의 세력이 더디고 또 늦게 형성되었다. 중세 수도원이 중심이 된 협동조합주의Corporativismo[100] 운동에서 시작된 사회주의적 가톨릭 운동은 노동과 자본의 공조와 조화를 통해 유토피아적 가톨릭 세계를 구축하는 데 목표를 두었으며 이탈리아에서는 스트루초에 의해 본격적으로 시작되었다.

그러나 남부 문제의 경제적 해결 등에서 그람시의 접근 방식과 많이 유사했던 스트루초의 방식은 몇 가지 한계를 지니고 있었다. 우선 그는 교황과 가톨릭의 세력 확장이라는 비난을 받을 만큼 지나치게 교회 중심적 문제 해결 방식에 집착했고, 산업화, 노동, 공장에 대한 개념을 정확히 이해하지 못했다. 그는 당대의 산업화 조류를 제대로 이해하지 못했다. 뿐만 아니라 그의 사상은 이탈리아 부르주아 지배 세력의 산업 정책과도 융화될 수 없었다. 또한 그는 지나치게 농업적인 관점에서 남부 문제를 해결하려 했기 때문에 남부의 경제 구조 전체를 재조정하고 구축하는 데 실패했다. 이 같은 한계는 결국 인민당의 약화로 이어졌으며 스트루초 역시 정치적으로 명확한 이념을 지니지 못한 채 파시즘에 통합되었다.

스트루초의 뒤를 이어 등장한 사람은 혁명적 엘리트주의자 도르소[101]다. 도르소는 이탈리아 역사에서, 특히 1차 세계대전 후, 어떤 정당도 이탈리아 남부 문제를 해결하지 못하고 있는 것을 보고 엘리트 혁명 정당의 역할을 할 수 있는 정치 정당의 필요성을 역설했다. 도르소가 귀감으로 지목한 정당은 루수Emilio Lussu의 사르데냐 행동당이었으며, 그는 이 정당을 통해 자치주의의 개념을 발전시키고자 했다. 이를 위해 남부 행동당을 결성할 것을 제안하기도 했다. 그는 2차 세계대전 이후 혁명적 남부주의의 단초가 될 수 있는 정당을 설립하기 위해 행동당에 가입했고, 행동당을 자신의 혁명적 엘리트론을 실현시킬 수 있는 정당으로 활용하려 했다.

도르소의 혁명적 엘리트에 대한 개념은 그람시의 현대 군주 개념과 연결될 수 있는데, 실제로 그람시는 도르소의 이론을 발전시켜 '현대 군주'[102]로서 공산당의 역할과 기능을 재검토하게 되었다. 도르소에 대한 평가는 다양하다. 그러나 그가 당시 이탈리아 남부에서의 새로운 계급의 창출이라는 측면에서 아무도 통찰하지 못했던 부분을 통찰했다는 점, 즉 혁명적 엘리트라는 자발적이고 혁명적인 세력의 창출과 움직임에 대한 필요성을 통찰했다는 점, 그리고 이로써 이탈리아 남부 문제 연구에 이론적으로 공헌했다는 점, 아울러 이탈리아 남부 문제의 귀결점이었던 그람시와 함께 남부 문제의 지평을 보다 확장시켰다는 점은 평가받을 만하다. 이탈리아 남부 문제의 해결을 위한 새로운 계층인 혁명적 엘리트의 정치적 역할과 의미는 진정한 사회 변혁의 중요한 단초가 되기에 충분할 것이다.

이탈리아 남부 문제를 피지배적 관점에 따라 접근했던 이들의 시각은 그람시에게 많은 영향을 주었고, 남부 문제를 진정한 사회 문제로 인식할 수 있는 이론적 계기를 제공해주었다. 후기 남부주의자들이 주로 중산 계급이나 평민 출신이라는 것, 그리고 이들의 사상이 좌파적 기반을 갖고 있다는 것은 지배 계층의 관점에서, 부르주아적 관점에서 이탈리아 남부 문제에 접근했던 초기 남부주의자들과 다른 점이다. 그러나 이것은 이탈리아 남부 문제에 관한 두 가지 관점의 사상적 단절을 의미하는 것은 아니다. 단지 사상의 전환이 다른 시각, 다른 분석을 낳았음을 의미할 뿐이다.

통일 이탈리아의 사회 문제로서 남부 문제가 형성되면서 위정자들과 지배 계급 사상가들이 이 문제와 관련해 취한 정책과 방향은 그 효율성이나 실효성에도 불구하고 결국 부르주아 지배를 지속시키는 데 목적이 있었다. 역사적·문화적·지리적으로 이질적인 '남부'를 하나의 국가 안으로 통합시키기 위한 시도로서 여러 가지 정책과 해결책들이 제시되었지만, 모두 남부의 입장을 제대로 반영하지 못할 경우 한계를 가질 수밖에 없음을 여실히 보여주었다. 그럼에도 불구하고 이들이 제안했던 여러 가지 정책과 해결책들은 이후 사회주의 사상가들이나 이탈리아 남부 민중의 입장에서 남부 문제에 접근했던 여러 사상가들에게 영향을 미쳤다.

치코티로부터 그람시로 이어지는 이탈리아 남부 문제 연구의 계보가 더욱 중요성을 갖는 것은, 바로 이와 같은 초기 사상가들의 입장이 이들 후기 사상가들에게 와서 민중적 관점에서 재생되는 동시에, 거시적 측면에서 여전히 유용한 하나의 흐름으로 자리 잡게 되었기 때문이다. 오늘날 실제로 전개되고 있는 이탈리아 남부 문제 관련 정책의 기본 흐름은 이 후기 사상가들에게서 유래했다고 볼 수 있다.

3. 그람시와 남부 문제

이탈리아 남부 문제의 역사에서 왜 그람시가 귀결점이 되는가 하는 것은 관점에 따라 답변에 다소 차이가 있을 수 있겠지만, 그람시에 이르러서야 이탈리아 남부 문제의 본질이 개념적이고 이론적인 체계를 갖추게 된 만큼 그람시가 제기한 문제 의식과 접근 방식은 상당히 중요한 의미를 갖는다. 우리는 앞에서 이탈리아 남부 문제를 다룬 사상가들을 부르주아적 시각을 취한 전기 사상가들과 사회주의적·좌파적 시각을 취한 후기 사상가들로 구분했다.

그렇다면 자본주의적 지배 계급의 보수주의적 관점과 치코티 이후의 여러 남부 문제 사상가들의 관점이 어떻게 그람시에게 투영되었으며, 이를 그람시가 어떤 방식으로 수용했는지는 중요한 의미를 갖는다.

사르데냐 민족주의라는 협소한 지역주의 관점에서 탈피해 이탈리아 남부 문제를 노동자와 농민이라는 프롤레타리아 계급의 차원으로 확대시켰던 그람시의 사상적 배경과 사상의 전이 과정은, 그람시가 추구했던 국가와 계급 문제, 헤게모니 개념, 역사적 블록 개념, 지식인의 형성 문제, 문화의 조직화 문제 등의 이론 형성 과정을 들여다볼 수 있게 해준다는 측면에서도 그람시 연구의 단초를 제공해준다.

그람시는 이탈리아의 통일 이후에도 사르데냐와 북부의

산업 도시 토리노가 너무나 다르다는 것을 직접 느꼈다. 또한 그는 농민이라는 사회적 계급 이외에 노동자나 프롤레타리아 계급의 중심에 서서 이론적 지평을 확장할 수 있었다.

그람시는 먼저 문화 평론가로서 정치 평론을 쓰기 시작하면서 사회주의 혁명에 눈을 뜨게 되었고, 이를 실현하기 위한 방법과 이론적 토대 구축에 힘을 기울이게 된다. 토리노는 이러한 그람시에게 아주 적합한 환경을 제공해주었고, 그람시는 노동자를 비롯한 프롤레타리아 계급 속에서 혁명의 가능성과 구체성을 찾아낼 수 있었다.

특히 그람시는 러시아 혁명의 과정을 목격하면서 이탈리아에서 혁명을 담당하고 수많은 노동 계급을 이끌어갈 새로운 조직체를 구상하게 된다. 그람시가 새로운 질서와 새로운 문화를 통한 프롤레타리아 혁명을 담당할 전위대로서, 그리고 당과 국가 형태의 전(前) 단계로서 모델로 삼은 것은 러시아 소비에트의 이탈리아적인 형태라고 볼 수 있는 공장 평의회다. 그는 당시 이탈리아에서 노동자 계층을 혁명의 역할을 담당할 만한 역량과 의지를 갖고 있는 주체적 계급으로 설정했고, 노동자와 농민 등을 묶은 광범위한 대중적 기반의 혁명적 조직체가 필요하다고 생각했다.

농민은 전통적으로 혁명적 세력이 될 수 없는 둔하고 보수적인 습성을 지닌 세력이지만 전쟁을 통해 의식의 각성이 이루어짐으로써 혁명을 담당할 수 있는 세력으로 전환될 수 있었으며,103 전쟁을 위해 각 지역에서 동원된 노동자와 농민이 함께 전쟁터에 나감에 따라 이전에 볼 수 없었던 동지애와 친근감이 발생했다. 그리하여 그람시는 노동자와 농민이 "국가를 막연한 세계가 아니라 구체적인 객체로서 의식하기 시작했다"104고 보았던 것이다. 다시 말해 그는 농민 역시 하나의 세력으로 성장할 수 있음을 부정하지 않았으며 또한 노동자와 농민이 결속할 때에만 안정되고 광범위한 혁명 기반을 구축할 수 있다고 믿었다.

그럼에도 불구하고 그람시가 노동자를 주축으로 삼아야 한다고 생각하게 된 것은 "공산주의 혁명을 본질적으로 조직과 규율의 문제"105로 보았고, 이러한 조직과 규율을 가질 수 있는 세력은 노동자 세력밖에 없으며 "공장 노동자와 빈농이 프롤레타리아 혁명의 두 추진 세력"106일지라도 빈농은 보조하는 역할과 안정되고 광범위한 기반을 제공하는 역할을 하는 데 그칠 뿐이라고 보았기 때문이다. 여기서 노동자 계급만이 혁명의 전위에 설 수 있다는 결론이 도출된다. 평의회에 있어서 그람시가 노동자들의 공장 평의회뿐 아니라 농촌까지 평회의의 범위를 확장하려 했음에도 그의 관심이 주로 공장 평의회에 머무는 이유도 여기에 있다.

당시 유럽 여러 국가에서의 경험을 통해 그람시는 공장 평의회의 필요성을 우선 제시한다. 그는 러시아, 헝가리, 오스트리아, 독일 등에서 발생한 노동자 계급의 구체적인 경험을 통해 여덟 가지 테제를 제시한다.[107] 그에 따르면 기존의 프롤레타리아 계급의 조직체는 본질적으로 경쟁적인 성격을 가졌기 때문에, 생산을 공산주의적으로 관리하고 프롤레타리아 독재를 실현하기에는 적합하지 않다. 오직 평의회 체제만이 공산주의의 사회적 권력을 집행하고 프롤레타리아 독재를 실현하는 노동자 계급의 조직이 될 수 있다. 평의회는 노동이 이루어지는 장소를 기반으로 구성되고 이 노동하는 장소는 공업과 농업의 생산 과정과 밀접한 관계를 맺어야 하며 전국적 통일을 이룩할 수 있어야 한다.

그는 이제까지의 사회주의나 프롤레타리아 운동의 모든 제도가 외적 강제에 의해 발생했다는 사실을 지적하면서 전쟁으로 인해 이러한 사실이 변화했다고 주장한다. 즉 전쟁의 결과 자본주의자들의 우위가 상실되고 자유가 제한되었다는 것이다.[108] 반면 자본주의적 집중에 상응하는 노동자 대중의 조직화는 혁명적 프롤레타리아 계급에 미증유의 힘을 주고 있다는 것이다.[109]

청년 시절의 그람시는 자본주의 국가 내에서 사회주의가 구현될 수 없다고 믿고 있었다. 따라서 새로운 제도와 문화를 위해서는 구성원만 바꾸는 것이 아니라 구성원을 포함해 의식과 조직 그리고 구현체를 모두 바꿔야 한다는 것이 그람시의 생각이었다. 이 생각을 대중적인 기반 위에 놓고 노동자 계급을 중심으로 구상한 것이 바로 공장 평의회다. 그는 공장 평의회의 필요성을 인식하고, 전쟁 이후 혼란스러운 사회 분위기와 노동자 계층의 무질서를 극복하고 엄격한 규율을 통해 잘 조직된 결사체로서 공장 평의회를 구상했다.

공장 평의회에 대한 구상을 통해 그람시는 그때까지 다소 막연했던 프롤레타리아 혁명과 권력이라는 정치적 관계의 상관성을 좀 더 구체화시켰고, 특히 계급 투쟁을 통한 정치 권력의 획득 차원까지 자신의 사상을 발전시켰다. 그람시의 이러한 생각은 공장 평의회를 이질적인 것으로 보았던 당시의 노동 운동 지도자들과는 확연한 차이를 나타내고 있다.

당시 그람시보다 더욱 확고한 명성과 추종자들을 지녔던 보르디가Amadeo Bordiga는 공장 평의회를 '경제적 도구'로 보았고 소비에트를 프롤레타리아 집권 후의 유일한 정치적 조직체[110]로 보았다. 이와 달리 그람시는 공장 평의회가 전후 노동 계급의 정치적 토대로서 이탈리아적인 노동자의 정치 결사체가 될 것이라고 이야기하면서, 이 같은 잠재력은 생산 관계와 생산 방식에서 철저하게 노동자 중심인, 생산력의 경제적 조건의 확립으로 달성될 수 있다고 보았다. 이제 그람시는 복합적인 사회 조직, 구체적인 사회 형태로서 '국가'를 인식한다. 국가는 작업장의 생활을──그 자체의 극악성 속에 내포된 모든 기발하고 고상한 연계성과 기능들을 통해──반영하는 거대한 생산 기관의 형태에 불과하기 때문이다. 국가는 노동자의 산업, 노동자의 작업장, 생산자로서의 노동자의 인

격까지 포함한 노동자의 생존과 발전의 복합적인 조건들을
조화롭고도 위계적인 형태로 대표하기 때문이다.[111]

공장 평의회에 대한 이 글은 그람시에 대해 두 가지 중요
한 사실을 알려준다. 첫째, 그람시는 프롤레타리아 계급이
공장 평의회를 통해 '국가' 정치 체제를 이해할 수 있으리라
믿었다. 둘째, 그람시는 국가에 대한 좀 더 광범위한 정의를
시도했다. 노동자들은 공장 평의회라는 경제적 기반에 기초
해 자본주의 국가의 생산 체계 안에서 스스로를 하나의 구성
분자이자 주체로, 일관성을 갖는 생산 과정의 주역으로 인식
할 수 있으며, 이를 통해 사회적 계층으로서의 노동자라는
신분을 획득한다. 즉, 자본주의 생산 과정 속의 단순한 경제
적 존재에 머물지 않고 노동자라는 사회적·정치적 지위까지
획득하게 된다는 것이다. 또한 그람시가 국가를 부르주아나
특정 계급의 지배 도구에 불과한 것으로 묘사하지 않고, 사
회 전반의 생산 관계에 따른 계급성을 뒷받침하는 하나의 조
직으로 표현하고 있다는 사실 역시 중요하다. 그러나 아직까
지 그람시의 사상은 경제 결정론적 성격을 벗어나지 못하고
있을 뿐만 아니라, 경제와 정치를 연결하는 데 있어서 좀 더
적절한 관계를 설정하지 못하는 미숙함을 드러내기도 한다.

그람시는 공장 평의회에 대해 다음과 같이 말한다.

공장 평의회는 프롤레타리아 국가의 모델이다. 프롤레타리아 국가의 조

직에 내재하는 모든 문제가 평의회의 조직에도 있다…평의회는 상호적인 교육과, 프롤레타리아 계급이 성공적으로 창조해낸 새로운 사회적 영혼의 발전에 가장 적합한 조직이다…평의회 내에서의 노동자 계급의 연대는 긍정적이고 영원하며, 산업 생산의 가장 보잘것없는 시기에도 존재한다. 그것은 유기적 전체가 되는 희열에 찬 각성 속에 담겨 있는데, 그 전체란 유용 노동과 사회적 부의 공정한 생산에 의해 유기적 전체의 지배권을 주장하며 유기적 전체의 권력과 역사 창조로서의 자유를 실현하는 동질적이고 복합적인 체제를 의미한다.112

이 글에서 그람시가 제안하는 공장 평의회는 프롤레타리아 국가의 기초적 조직으로서, 행정과 교육과 새로운 프롤레타리아 공동체 사회의 사회적 정신을 발전시키는, 국가와 유사한 기능을 지닌 존재다. 그람시는 공장 평의회가 모든 혁명적 기능을 무난히 완수할 경우 부르주아 국가를 대체하는 조직이 될 수 있다고 생각했다. 이 때문에 그람시는 "평의회의 탄생은 인간 역사의 신기원을 여는 것"113이라고 말했다. 그러나 그로부터 시간이 한참 흐른 뒤에 그람시는 공장 평의회 조직체가 이탈리아에서 1919년에서 1920년 사이에 거칠게 일었던 노동자 혁명의 시작점이 아니라 오히려 그 파고의 정점이었음을 인식한다.

그람시는 계속해서 프롤레타리아 혁명의 성격에 대해 이야기하면서, 자본주의 국가 안에 새로운 질서의 수립을 위한 새로운 유형의 국가를 설립하는 것이야말로 프롤레타리아 혁명이라고 인정할 수 있다고 말한다. 그람시는 이것이 정치적 조직체의 형성이라는 전제 외에 생산 체계의 근본적 변화를 기반으로 하며, 프롤레타리아 계급 역시 궁극적으로는 전체의 이익을 증대시킴에 따라 스스로 소멸한다고 주장한다. 여기서 한 가지 중요한 점은 그람시가 프롤레타리아 혁명을 통해 자본주의 사회의 지배 계급을 비롯해 정치 권력까지도 전환시킬 수 있다고 생각한다는 것이다. 이는 결국 그람시가 사회 구성체 분석과 이를 통한 정치 권력의 획득까지 나아갈 여지를 남겨둔 것으로 유추할 수 있다.

따라서 이탈리아 남부 문제에 대한 그람시의 분석은 당대 이탈리아 상황에 대한 분석의 방법론적 모색을 통해 심화되었다고 볼 수 있다. 그람시는 당시의 이탈리아 북부와 남부의 실정을 이야기하면서 계급 간의 동맹과 연대를 통한 새로운 국가 창출을 역설한다.

〈남부 문제에 대한 몇 가지 주제들〉의 전조로 보이는 〈노동자와 농민 III〉에서 남부 문제에 대한 그람시의 이론적이고 체계적인 분석과 접근이 이미 시작되었음을 알 수 있다. 그람시가 이탈리아 남부 문제에 대한 좀 더 깊고 체계적인 분석을 시작했다는 것은 그가 이미 당대의 남부주의자들에 대해 잘 알고 있었다는 사실에서도 드러난다. 실제로 그람시는 토리노에서 문화에 관련된 글을 쓰기 시작하면서 이탈리아 남부 문제와 관련 있는 글을 많이 다루었다. 이탈리아 남부 문제가 이미 그람시의 글의 주요 주제 중 하나가 되어 있었다는 사실은 여러 곳에서 확인할 수 있다. 이러한 사실은 이탈리아 남부 문제에 대한 그람시의 사상이 정치적 투쟁과 사상의 지평 확장을 통해 오랫동안 서서히 형성되었음을 시사해준다.

도르소와 고베티는 그람시가 가장 큰 관심을 가졌던 사상가들이자 서로 이론적 비교가 가능한 이탈리아 남부 문제 사상가들이다. 그람시는 특히 리소르지멘토 해석과 관련해 도르소와 고베티의 혁명관을 비교한다. 그람시가 보기에 도르소와 고베티는 1860년 이후 자신들이 속한 계층의 몰락을 극복할 수 있는 대안으로 엘리트 혁명을 꿈꾸었다. 그러나 그람시는 옛 지배 계급의 재등장이나 혁명이 아니라 새로운 사회 계급인 산업 프롤레타리아와 농민에 의한 혁명을 주장했다. 그람시가 새로운 계급에서 혁명의 주체 세력을 찾은 것은 리소르지멘토에 대한 분석을 통해 카보우르를 비롯한 자유주의적 사상을 가진 온건론자들이 통일을 성취할 수 있었던 이유를 파악했기 때문이다.

그람시에 따르면 무엇보다 카보우르로 대표되는 온건론자들은 자신들의 헤게모니를 유지하고 확장하는 데 필요한 실천적 행동이나 임무를 명확하게 알고 있었지만 가톨릭 행동당을 비롯한 당대의 다른 정치 세력들은 이를 인식하지도, 수행하지도 못했다.[114] 그람시가 보기에 이탈리아의 통일은 곧 피에몬테에 의한 통일을 의미했고, 국가의 발전 역시 피에몬테의 발전일 뿐이었다. 피에몬테의 지도자들은 자신들의 지적 이데올로기를 헤게모니로 전환시키는 데 성공했고, 이를 정치적 헤게모니로 승화시킬 수 있었다. 따라서 피에몬테는 리소르지멘토 과정에서 주도권을 쥘 수 있었다.[115]

리소르지멘토에 대한 그람시의 이 같은 해석은 이탈리아 남부 문제를 단지 하나의 사회 문제로 보지 않고 헤게모니와 이를 주도하는 지식인의 문제로 확장시키고 심화시키는 데 큰 기여를 했다. 그람시는 또한 이탈리아 통일 이후 지식인들이 어떻게 지배 계층에 포섭되었는지를 변형주의의 관점에서 설명했다.[116] 그람시는 리소르지멘토의 변형주의를 카보우르와 졸리티에게까지 연결시켜 졸리티 정부를 평가·분석함으로써 당시 이탈리아의 정치적 지형 관계를 설명했다. 그람시가 보기에 자본가 계급과 노동자 계급의 블록이 형성될 수 있었던 것은 졸리티와 같은 자본가를 대표하는 정치가들이 제도적 제휴를 통해, 즉 보통 선거권의 확대, 보호 무역주의, 중앙 집권 체제의 유지 등과 같은 정책적 기조를 통해 노동자 계급이나 남부 지식인들과의 블록을 형성했기 때문이었다.

이러한 정치 상황 분석을 통해 그람시는 이탈리아 남부 문제라는 사회 문제를 설정함으로써 헤게모니와 지식인 문제 등과 연결된 탁월한 사회 분석에 이를 수 있었다. 그람시가 이 같은 일련의 과정에서 이탈리아 남부 문제 분석의 전형으로 삼은 사람은 살베미니였다. 살베미니는 이탈리아 남부에서 소규모 토지 소유자 계급을 형성하고 새로운 산업 체계에 따라 북부 노동 계급과의 동맹을 추진할 것을 주창했는데, 이러한 생각은 그람시에게 직접적인 영향을 미쳤다. 그러나 살베미니와 그람시의 사상은 근본적인 차이를 안고 있다. 그람시가 보기에 살베미니는 피상적인 문화주의적·조합주의적·동업자적 동맹의 관점에서 그리 많이 벗어나 있지 않았다. 따라서 그람시는 살베미니에게 과학적 엄밀성이나 실천성이 부족하다고 보았다.

살베미니와의 이 같은 차이를 깨달으면서 그람시는 자신의 이론적 구축과 실천적 행동을 위한 프롤레타리아의 조직화와 '현대적 군주'로 표현되는 공산당 건설에 매진한다. 그람시의 이러한 활동은 결국 이탈리아 남부 문제에 관한 주제를 몇 가지로 집약시키게 되었고, 이를 훗날 《옥중 수고》에서 나타나는 수많은 이론적 첨삭과 발전을 시작할 수 있었던 계기가 되었다.

4. 그람시의 유산

전쟁이 끝난 후에 이탈리아는 연합국의 군정 기간을 거치게 된다. 이탈리아에 공산주의 정부가 들어설 가능성을 우려한 미국은 급격하게 마셜 플랜을 추진하면서 이탈리아를 경제적·군사적 영향력 아래 두려 했다. 공산주의 세력을 둔화시키고 미국식 자본주의 체제에 맞는 새로운 유럽 질서를 형성하기 위해 실행된 마셜 플랜은 이탈리아에서 미국의 의도대로 진행되었다.

새로운 이탈리아 건설이라는 국가적 당면 과제는 미국식 자본주의 체제의 구축이라는 목표 앞에서 의미를 잃었고, 결국 이탈리아 북부 중심의 산업 발전 계획이 집중적으로 추진되면서 북부는 다시 한번 산업 자본 축적의 기회를 맞게 되었다. 이탈리아 남부의 인민 대중은 이에 불만을 표시했고, 이탈리아 공산당을 중심으로 한 좌파 지식인들은 그람시의 문제 의식에 따라 이탈리아 남부 문제를 해결하는 것이야말로 시급한 국가적 과제임을 정부에 인식시키기 위해 노력했다. 이탈리아 기민당 정부 역시 자신들의 강력한 지지 기반인 남부를 위해 조치를 취해야 했고, 좀 더 확실한 지지 기반 구축을 위해 가시적 성과가 필요했다.

결국 기민당 정부는 1950년에 이탈리아 남부 문제 해결을 위한 정책으로서 남부 기금Cassa per il Mezzogiorno을 설립했다. 10년간 매년 1,000억 리라를 이탈리아 남부의 지역 개발과 경제 성장을 위한 예산으로 배정하기 위해 설립된 이 기금은 유감스럽게도 당장 활용되지는 못했다. 이탈리아 남부에는 이 예산을 효율적·즉각적으로 활용할 만한 사회 간접 자본이 부족했기 때문이다. 결국 여건이 더 나은 지역을 중심으로 예산이 책정되었으며, 이는 남부 지역에서 또 다른 지역 불균형을 낳는 원인이 되었다.

1955년 10월에 팔레르모에서 개최된 이탈리아 국가 경제 개발 위원회 회의에서는 남부 문제가 국가의 구조적 문제라는 인식의 공유가 이루어졌는데 이것이 그나마 커다란 진전이었다. 이탈리아 경제인 연합회와 정부는 남부를 성장 거점으로 삼는 정책으로 전환해, 남부에 단기적이고 즉각적인 이익을 추구하는 민간 기업을 확충하기보다는 주로 공사나 국영 기업의 성장 거점을 남부에 지정해줌으로써 남부 지역 전체의 균형적인 발전을 꾀했다. 그러나 성장 거점 지역이나 업종 역시 북부 산업 자본가들이나 민간 기업의 의지에 따라 결정됨으로써 남부 기금의 본래 취지나 목적이 만족할 만한 성과에 이르지 못했다. 이로써 이탈리아 정부의 남부 발전 정책은 북부 산업의 성장과 발전에 도움이 되는 쪽으로 남부 개발을 유도했을 뿐, 남부 지역 전체의 경제 발전과 성장을 유도하지 못했다는 비난을 받았다.

이탈리아 정부가 국가의 균형 발전이나 합리적 국토 개발이라는 목적을 위해 남부 지역의 발전을 추진한 것은 당연한 일이었다. 그러나 이탈리아 경제를 움직이는 힘이 민간 기업에 집중돼 있고 더군다나 남부 발전 정책이 이탈리아 전체 기업의 80퍼센트에 달하는 중소기업 위주로 추진되었다는 데 문제가 있었다.[117] 또한 이탈리아 경제와 정부의 가장 큰 문제점 중 하나인 재정 적자 문제는 이탈리아 정부가 추진한 남부 발전 정책의 한계를 분명하게 노출시켰다.

상황이 이러하자 이탈리아 정부의 남부 발전 정책이 추진되는 중에도 지속적으로 남부의 노동력이 북부로 유입되었고, 이는 1980년대까지 일반적인 사회 현상이 되었다. 더군다나 기민당 중심의 집권당과 정부는 후견인 제도[118]를 통해 지역과 지방을 사적으로 통제해왔기 때문에 남부 사람들의 머릿속에는 국가가 왕조 시대의 헌병대나 경찰 이상의 역할을 담당하지 않는다는 인식이 뿌리 깊게 자리 잡고 있었다.

그동안 남부 개발을 위한 정부의 여러 정책이 실효를 거둘 수 없었던 것은 그 정책들이 단순히 집권의 유지와 공고화를 위한 선심성 정책이었다는 점, 남부 문제에 대한 정부의 시각이나 분석이 구조적이고 시원적인 문제 의식 없이 남부인들에 대한 편협하고 인종적인 편견을 담고 있었다는 점, 그리고 오랜 역사에 기반을 둔 지역의 차이를 무시한 채 일률적으로 정책을 적용했다는 점 등의 문제점들을 안고 있었기 때문이다.

따라서 이탈리아 남부 문제에 대한 그람시의 분석은 지역적 차이를 역사적 배경을 통해 분석하고 이를 기반으로 하여 지역적인 조직적 통일을 이룩함과 동시에 자본의 세계화에 맞서는 '노동자와 프롤레타리아의 세계화 전략'을 구축해야 한다는 교훈을 준다는 점에서 오늘날 시사하는 바가 매우 크다.[119] 이탈리아 남부 문제에 대한 그람시의 가르침은 그의 경험에서 나온 단순한 교훈이나 가르침이 아니라 모든 정치적 영역에 적용될 수 있는 하나의 일반적 원칙과 논리로서 받아들여져야 한다. 자본주의 체제 안에서 노동자 계층의 조직화와 농민 계층의 조직화는 노동자 계급과 농민 계급이 자체적인 역량을 가지고 정치 세력화함으로써 새로운 권력 창출과 그 유지에 기반이 되는 조직 구성을 갖는다는 면에서 더욱 중요한 의미를 갖는다.

남부 기금은 1984년까지 존속되다가 1986년에 남부 개발공사Azienda per il Mezzogiorno로 바뀌었다. 현재도 이탈리아 남부의 지역 문제는 상존한다. 그러나 더욱 큰 문제는 여전히 해결되지 않은 채 남아 있는 남부 문제가 또 다른 사회 문제인 외국인 노동자 문제와 겹치면서 중층적인 복합 구조를 갖게 된다는 점이다.

1989년의 베를린 장벽 붕괴와 소련을 비롯한 동유럽 사회주의 국가들의 몰락은 유럽 사회에 커다란 전환점을 가져왔다. '이데올로기의 승리'라는 상처뿐인 영광에 따르는 대가는 너무나 컸다. 유럽에서 전쟁과 대립의 위험이 사라진 대신 새로운 지역 문제와 민족주의 문제가 불거졌다. 서유럽 국가에 동유럽 국가의 노동자들이 유입되는 문제는, 1960년대 이후 유럽의 식민지였던 아프리카와 중남미 노동자들의 유럽 이주와 맞물려 통제 불가능한 사회 문제로 대두되었다.

유럽의 경제가 지속적으로 성장하던 1980년대까지는 이같은 외국인 노동자의 유입이 국가 경쟁력에 도움이 되었지만, 이들에 대한 수용 능력이 한계에 달하면서 외국인 노동자 문제는 유럽에서 커다란 사회 문제가 될 수밖에 없었다. 이탈리아에서는 외국인 노동자 문제가 더욱 심각하다. 여전히 해결되지 않고 있는 남부 문제에 외국인 불법 노동자의 이주 문제가 덧붙여짐으로써 새로운 인종주의와 파시즘이 발흥할 조짐을 보이고 있기 때문이다. 내부의 적(남부인들과 섬 주민들)이 잠정적으로 물러나고 외부의 적인 외국인 불법 노동자들이 등장하면서 이들에 대한 문제를 정치적 쟁점으로 삼는 인종주의적 정당이 등장한 것이다.

이러한 양상은 정도의 차이는 있지만 이탈리아가 아닌 다른 유럽 국가들에서도 나타나고 있다. 2000년 이후 유럽 여러 나라에서 우파가 선거에 승리하고 있다든지, 인종주의를 표방하는 나치즘 정당들이 등장하고 있는 것이다. 이는 유럽 통합을 앞두고 있는 유럽에 또다시 지역 문제들이 복잡한 양상을 띠고 등장할 수 있음을 시사한다. 같은 맥락에서, 이탈리아에서는 우파 정권(2001년 총선에서 승리한 베를루스코니 정부)에 나치즘 정당이라 할 수 있는 북부 동맹Lega Nord이 연정 파트너로 참여하고 있고, 또 파시즘 정당의 후신이라 할 수 있는 국민 연합Alleanza Nazionale이 참가하고 있는데, 이는 이탈리아에서 남부 문제의 또 다른 변형으로 외국인 문제가 불거지고 있다는 증표로 이해될 수 있다. 따라서 앞으로 어떤 방식으로 남부 문제가 표출될 것인지 지켜보아야 할 것이다.

5. 남부 문제를 넘어서

이탈리아 남부 문제에 대한 그람시의 글을 모두 언급하고 비교하자면 또 다른 연구가 필요하지만, 이탈리아의 남부 문제는 우리가 아는 것보다 훨씬 더 역사가 깊고, 우리가 아는 것보다 훨씬 더 많은 연구 결과들을 낳았다. 지금까지 연구자들은 이탈리아 남부 문제의 출발점으로 리소르지멘토라는 이탈리아 통일 운동을 거론해왔지만, 사실 남부 문제의 역사적 배경은 그렇게 단순하지 않다. 이탈리아 남부 문제는 사회적·역사적 사건들이 중첩되면서 생겨난 문제이기 때문이다. 이러한 인식이 남부 문제의 접근에 보다 올바른 지침을 제공해주리라 믿는다.

오늘날 많은 사상가들이 지역 문제로서 이탈리아 남부 문제를 분석하면서 이중 구조론이나 내부 식민지론의 시각을 취한다. 이탈리아 남부 문제의 원인을 어디에 두느냐에 따라 구분되는 이 두 이론은 모두 이탈리아 남부 문제를 완벽하게 설명하지 못한다. 우선 이중 구조론은 이탈리아 남부 문제의 원인이 이탈리아 통일 이전부터 이미 내재되어 있었다고 본다. 즉 산업 지대인 북부와 농업 지대인 남부라는 이중적 지역 구조 때문에 지역 개발 수준에 차이가 생김으로써 남부 문제가 발생했다는 것이다. 이중 구조론은 19세기의 실증주의적·인종주의적인 사회 분석과 관련이 깊다. 반면 내부 식민지론은 북부의 산업 발달과 성장을 위해 남부의 여러 경제적 조건들이 이용되었고, 이는 정복 국가가 식민지 국가를 착취하고 수탈하는 것과 유사한 형태였으며, 이 때문에 남부 문제가 발생했다고 보는 것이다. 내부 식민지론은 사회주의적·좌파적 입장을 계승한 분석 방법이라 할 수 있다.

그러나 바람직한 것은 이론적 접근보다는 리소르지멘토나 나폴레옹 지배 등의 역사적 사건과 조건들을 통해 이탈리아 남부 문제를 분석하는 것이다. 이는 그람시가 이탈리아 남부 문제를 분석하는 관점과 관련 있다. 또한 이는 그람시가 왜 국가 이론이나 헤게모니 개념을 통해 이탈리아 남부 문제에 접근했는가에 대한 간접적인 대답이 될 수 있을 것이다. 그람시가 이탈리아 남부 문제에 관해 쓴 글들은, 실제 사회 문제를 바탕으로 해서 하나의 개념이나 이론을 발전시킨 그람시 실천 철학의 실례라는 점에서 중요한 학문적 의의를 갖는다.

결론적으로 이러한 접근을 통해 그람시는 지식인 문제와 리소르지멘토라는 주제에 보다 명확하게 다가설 수 있는 계기를 마련하게 되었고, 이탈리아 지식인 역사에 대한 논의까지 나아갈 수 있었다. 또한 이탈리아 남부 문제에 대한 연구를 통해, 지배 계급 지식인들의 정책적 노력이 어떻게 지배 계급의 헤게모니 형성 문제로 확대되는지에 대해 눈뜨게 되었다. 그람시는 앞서 이야기한 후기 남부주의자들에 대한 분석을 통해 대중과 피지배 계급에 의한 정책적 제안과 해결이 가능하다고 생각하게 되었으며, 결국 헤게모니 형성이라는 문제로 논의를 발전시키게 되었던 것이다.

이탈리아 남부 문제에 대한 그람시의 시각과 분석이 더욱 설득력을 얻는 것은 그가 다른 사상가들과 달리 피상적이고 수동적인 관점에서 벗어나 이탈리아 남부 문제를 국가 권력이나 헤게모니 획득의 차원에서 분석하려 했기 때문이다. 그는 이탈리아 남부 문제를 단순한 사회 문제에서 국가 문제로, 나아가 정권 획득과 창출이라는 국면으로까지 발전시켰다. 파시즘에 대한 그람시의 분석 역시 이러한 맥락에서 이해되어야 한다. 어떤 동기와 요인에 의해 파시즘이 형성되었는지에 대한 그람시의 분석은 파시즘 문제뿐 아니라 이탈리아 남부 문제의 해결에도 단초를 제공해준다.

그람시는 파시스트들에 의해 체포되어 기나긴 세월 동안 바깥 세상과 단절된 채 옥중에서 지내면서도 자신의 이론적 구상과 개념들을 더욱 발전시킬 수 있었다. 1922년의 '로마 행진' 이후 정권을 획득한 무솔리니 정부는 이탈리아 남부를 정권 유지 전략의 거점으로 삼았지만, 그 전략을 남부 문제

해결을 위한 국가 정책으로 발전시키지는 못했다. 결국 파시
즘 치하에서 이탈리아 남부 문제는 물밑으로 가라앉게 되었
고, 문제의 해결을 위해서는 파시즘이 몰락하고 새로운 정부
가 구성될 때까지 기다려야만 했다.

이탈리아 통일 이후 150여 년 동안 이어져 온 남부 문제가
21세기의 이탈리아에서도 여전히 정치적·사회적으로 청산
되지 못하고 있는 것은 바로 사회가 새로운 전환점을 맞고
있기 때문이다. 이제는 남과 북의 지역 문제에 인종과 민족
이라는 문제까지 겹쳐지면서 이탈리아 국가 통합이 더욱 혼
란스러운 양상을 보이고 있는 것이다. 이렇게 볼 때 남부 문
제의 접근 방법과 해결책 역시 새로운 기준과 방향에서 모색
되어야 할 것이다. 오늘날 이탈리아에서는 그람시가 제안했
던 계층적이고 계급적인 세계화라는 목표의 유용성을 다시
한번 확인할 수 있는 기회가 펼쳐지고 있다.

이는 여전히 남부 문제라는 사회 문제가 명확하게 국가의
제도에 의해 혹은 국가의 정책에 의해 해결되지 않은 채로
불법 외국인 노동자 문제와 겹쳐서 나타나고 있다는 점은 앞
으로 언제든지 다시 발생할 수 있는 사회 문제라는 것이다.
특히 현재 유럽 통합 문제가 하나하나 현실적으로 구현되고
있는 시점이라는 점을 고려한다면, 지역 문제로서 남부 문제
의 해결 없이는 '통합'이라는 의미는 반감될 수밖에 없는 것
이다. 더군다나 2001년에 등장한 이탈리아 베를루스코니 정

부는 각종 악법을 양산하고 있다. 그중의 하나가 노동법 제18조의 개정이다. '노동자 신분과 지위에 관한 조항'인 노동법 제18조는 노동자의 해고를 자유롭게 하는 조항인데, 이를 통해 노동자를 자본가의 이해에 따라 자의적으로 해고하고자 한다는 의도를 담고 있다. 또한 이와 함께 외국인 노동자의 신분 요건을 강화함으로써, 현재 이탈리아에 체류하고 있는 많은 외국인을 불법으로 몰아붙여 사회에 만연한 범죄와 실업 문제를 해결하겠다는 의도를 드러냈다.

결국 남부 문제로 인한 남부의 높은 실업률을 자국 노동자와 외국인 노동자들을 탄압하는 것으로 해결하겠다는 의미인데, 이는 국가의 기본적 틀을 변경하는 정책적 전환을 가상의 적을 설정하는 방법으로 가장 쉽게 해결하고자 하는 것이다. 근본적인 남부 문제에 대한 해결 없이 또 다른 노동 문제를 파생시킬 수 있는 법안을 제정하는 것은 국민 통합이나 국가의 균형적 발전을 저해하는 실정(失政)을 반복하는 것이다. 국가의 균형적 발전이 정치적·경제적·문화적·사회적인 여러 방면에서 지역적 차이를 인식하고 조정하는 것이라 할 때, 문제의 근본적이고 시원적인 해결 없이 그때그때의 상황에 맞추어 일시적이고 임시적으로 해결하려는 것은 오히려 문제를 왜곡시키는 것이다.

우리 나라에서도 국민 통합과 사회 통합이라는 명분으로 현재 상황에 기반하여 '대충' 넘어가려고 하는 모습들이 상존하고 있다. 그러나 이는 통합을 위한 최선의, 또 차선의 선택도 아닌 차별과 지역성을 인정하고 나가겠다는 의미로 해석할 수밖에 없는 것이다. 이러한 시도는 또 다른 지역주의를 불러올 수밖에 없고, 국가 정체성 회복의 영원한 걸림돌이라는 것을 분명하게 깨달아야 할 것이다. 우리는 이러한 예를 수없이 보아왔다. 특히 2004년 총선은 지역주의에 대한 적당한 타협이나 임시방편은 결국 또 다른 지역주의를 낳을 수 있다는 사실을 증명해주었다.

그람시가 이야기한 이탈리아의 남부 문제는 이와 같은 측면에서 오늘날 우리의 문제와 상통할 수 있을 것이다. 물론 그람시가 남부 문제의 해결책으로 제시한 계급 간 동맹이라는 전술적 차원은 적용되기 어렵겠지만, 이 부분은 전 국민적 관심 속에서 지역 문제로서 남부 문제의 역사적 배경을 정확하게 인식하고 변화된 환경에서도 끊임없는 동맹 세력을 구축한다는 점이야말로 남부 문제를 비롯한 여러 사회 문제의 해결을 앞당길 수 있는 것으로 해석할 수 있는 것이다. 바로 이 때문에 그람시가 제시한 이탈리아 남부 문제의 역사적 의의와 시사점이 다른 모든 국가와 지역에도 적용될 수 있는 것이며, 한국의 영·호남 문제의 본질을 인식하게 해주는 것이다.

1 (옮긴이주)《새로운 질서 *L'Ordine Nuovo*》, 12호(1919년 8월 2일)에 서명 없이 발표된 글이다. Antonio Gramsci, *L'Ordine nuovo* (1919 ~1920)(Torino: Einaudi, 1972), 22~27쪽에 수록돼 있다.

2 (옮긴이주) 1차 세계대전을 가리킨다.

3 (옮긴이주) 원문 'brigantaggio'는 '산적질'이라는 뜻이다. 그러나 봉건적 잔재를 오랫동안 간직했던 이탈리아 남부와 도서 지방에는 단순한 도적 떼뿐만 아니라 지배자들의 수탈을 견디지 못하고 산속으로 들어가 의적 행세를 하거나 프랑스나 스페인 등의 외세에 대항해 싸우는 집단도 있었기 때문에 이에 대한 번역은 상황에 따라 바뀔 수 있다. 혹자는 이들을 마피아의 원조로 보기도 하고 또 혹자는 이들을 이탈리아의 전통적 저항 세력(흔히 파르티잔이라고 불리는)의 원조로 보기도 한다.

4 (옮긴이주) 'carabiniere'는 원래 사보이 왕국에서 왕실 친위대 같은 역할을 하는 헌병대였다. 사보이 왕가는 이탈리아를 통일한 뒤 자신들의 제도와 기구들을 이탈리아 전역을 통치하는 국가 기구로 그대로 채택했는데, 이 경찰 헌병 제도 역시 그중 하나였다. 경찰polizia이 일반적인 치안이나 범죄 단속 등 지역적이고 한정된 업무를 맡은 데 반해, 이 경찰 헌병은 국가적 안위가 걸린 사건 등 중대 사건

을 맡았다.

5 (옮긴이주) 1차 세계대전 기간을 의미한다.

6 (옮긴이주) 현재의 상트페테르부르크를 가리킨다.

7 (옮긴이주) 폴란드 비스툴라에서 맺어진 평화 협정이다. 러시아는
   이 협정으로 1차 세계대전에서 물러났고, 이후 러시아 혁명을 맞게
   되었다.

8 (옮긴이주) 《전진!*Avanti!*》 피에몬테 판, 44호(1920년 2월 20일, xxiv
   쪽)에 서명 없이 발표된 글이다. Antonio Gramsci, *L'Ordine nuovo*
   (1919~1920), 88~91쪽에 수록돼 있다.

9 (옮긴이주) 러시아 혁명을 말한다.

10 (옮긴이주) 하층민을 의미한다.

11 (옮긴이주) 《새로운 질서》, 32호(1920년 1월 3일), '주간 정치La
    settimana politica' 난에 서명 없이 발표된 글이다. Antonio Gramsci,
    L'Ordine nuovo(1919~1920), 316~318쪽에 수록돼 있다.

12 (옮긴이주) 자본주의에서 파생된, 혹은 자본주의 체제 운영상에 등
    장하는 여러 기구나 제도 또는 사회적 계층 등을 포괄적으로 포함
    하는 개념이다. 독자적이거나 자율적인 생명력 없이 자본이나 금융
    에 의해 양분을 얻고 일반 대중의 이익을 착취하거나 기반으로 하
    는 기생적 실체를 의미한다. 각종 위원회나 자본주의 체제 유지를
    위한 기구 등이 대표적이다.

13 (옮긴이주) '크레티니즘cretinismo'은 어리석은 행위를 뜻하는 말로,
    아무런 목적도 없이 상황에 따라 즉각적으로 행동하는 무원칙주의
    를 일컫는다.

14 (옮긴이 주) 《새로운 질서》, 34호(1920년 1월 17일), '주간 정치' 난
    에 서명 없이 발표된 글이다. Antonio Gramsci, *L'Ordine nuovo*(1919
    ~1920), 319~322쪽에 수록돼 있다.

15 (옮긴이주) 1838년 5월에 밀라노 시민들이 당시 밀라노를 지배하던 오스트리아에 대항해 일으킨 저항 사건을 가리킨다. 당시 밀라노 시민들은 그들만의 힘으로 오스트리아 군대를 몰아낸 뒤 피에몬테의 군대를 기다렸지만 원군이 제때에 도착하지 않았다. 당시 사르데냐-피에몬테의 국왕이었던 알베르토Carlo Alberto는 피에몬테가 전쟁에 개입함으로써 주변 국가들과 마찰을 빚는 것을 원치 않았지만, 카보우르 등의 신흥 귀족 세력은 피에몬테의 영토 확장에 대한 열망을 내세워 왕을 설득했다. 그래서 결국 피에몬테가 밀라노에 입성했지만, 이미 오스트리아 군대는 도시를 빠져나가 재무장의 시간을 벌고 있었다. 알베르토는 밀라노에 입성한 뒤에도 그곳 시민과 손을 잡지 않고 귀족들과 제휴함으로써 가시적·즉각적인 역사적 결과를 가져오지 못했기 때문에 이 일은 역사적 의미를 상실했다. 일부 학자들은 만약 알베르토가 즉각적으로 군사적 조치를 취하는 동시에 시민과 손을 잡았다면 이탈리아 통일이 20년 이상 앞당겨질 수 있었을 것이라고 이야기한다.

16 (옮긴이주) 졸리티Giovanni Giolitti(1842~1928)는 피에몬테 출신의 정치가로, 20세기 초 이탈리아 역사의 주역 중 한 사람이다. 1892년에 처음으로 이탈리아의 총리가 된 뒤, 1903년부터 1914년까지 거의 연속적으로 총리를 지냈다. 그는 노동자 계층에게 비교적 우호적이었지만, 피에몬테 산업 자본가의 이익을 대표하는 자유주의 정치가였다. 리비아 전쟁을 일으키는 등, 20세기 초 이탈리아 정치를 이해하는 데 핵심적인 인물이 되었다.

17 (옮긴이주) 레조 에밀리아는 에밀리아 로마냐 주에 있는 도시다. 《정의Giustizia》는 당시의 지역 정당 중 하나인 개혁 사회주의 정당의 당보로, 프람폴리니Camillo Prampolini가 편집장으로 있었다.

18 (옮긴이주) [ ] 안의 내용은 검열 때문에 《새로운 질서》에서는 삭제

되었다. 당시의 이탈리아 왕국은 귀족적이고 부르주아적인 특징을 가지고 있었으며 사상에 대한 검열 제도가 있었다.

19 (옮긴이주) 《새로운 질서》(1921년 1월 13일)에 서명 없이 발표된 글이다. Antonio Gramsci, *Socialismo e Fascismo—L'Ordine nuovo* (1921~1922)(Torino: Einaudi, 1978), 39~42쪽에 수록돼 있다.

20 (편집자주) 이 글과 다음에 이어지는 글들은 이탈리아 사회당 제17차 전당 대회 전날에 작성된 것이다. 이 전당 대회는 리보르노에서 1921년 1월 15~21일에 열렸는데, 모두 2,500여 명의 대의원이 참석했다. 참석한 대의원들의 주요 노선은 공산주의파와 최대 강령파Massimalista, 개량주의파 3개 분파로 나뉘었다. 최대파인 최대 강령파(세라티Serrati 분파)는 국제 공산주의 연맹(인터내셔널)에 우호적이었지만 사회당을 고수하려는 입장이었고, 개량주의자들과 분당하려 하지 않았다. 최대 강령파는 모두 9만 8,028표를 획득했고 공산주의파는 5만 8,783표, 개량주의파는 1만 4,685표를 획득했다. 공산주의파(여기에는 보르디가Bordiga 일파의 투표 기권론자들과 《새로운 질서》와 《전진!》을 지지하는 사람들과 젠나리Gennari를 추종하는 일파가 포함되었다. 그리고 최대 강령파 중에서 그라치아데이 마라비니Graziadei-Marabini를 추종하는 이들이 포함되었다)는 투표 후에 골도니 극장에서 퇴장해 산 마르코 극장에 다시 집결했고, 여기서 인터내셔널의 지부인 이탈리아 공산당Partito Comunista d'Italia을 창당했다. 리보르노 전당 대회에 대한 제3인터내셔널의 관점은 불가리아인 인터내셔널 참관인인 카바크체프Kristo Kabakcev에 의해 지지되었다.

전당 대회장에서 공산주의자들이 퇴장하자 사회주의자들이 논의한 안건은 그날의 상정 안건이었던 벤티볼리아Bentivohlia 안이었다. 사회주의자들은 인터내셔널이 주창한 시민적 권리를 지지하고 확인하는 내용과 인터내셔널 가입을 확정했고, 모스크바에서 열리는 다음 전당 대회에서 이 안에 대한 논의를 재개하는 것 등을 포함하는 논의들을 진행했다. 그리고 사회당의 입장을 주장하기 위해 모스크바로 파견할 대표자들을 결정했다. 라차리Lazzari, 마피Maffi, 리볼디Riboldi가 그들이었다. 이들은 모스크바의 순례자라 불렸다〔제17회 이탈리아 사회당 전국 전당 대회 속기 기록 요약(《전진!》판 편집, 밀라노, 1921)을 참조하라〕.

그람시는 전당 대회에서 이탈리아 공산당의 창당 작업을 돕지만, 대회장에서 발언하거나 주요한 역할을 하지는 못했다. 《새로운 질서》파 중 전당 대회에 정식으로 초청받은 사람은 레오네티Alfonso Leonetti와 파스토레Ottavio Pastore였다.

21 (옮긴이주) 《새로운 질서》(1924년 3월 15일)에 발표된 글이다. Antonio Gramsci, *La costruzione del Partito Comunista*(1923~1926) (Torino: Einaudi, 1972), 171~175쪽에 수록돼 있다.

22 (옮긴이주) '메초조르노Mezzogiorno'는 남부를 뜻하는 이탈리아어 중 하나다. 이 단어는 마찬가지로 남부를 뜻하는 'Meridione'보다 저속한 의미로 쓰인다.

23 (옮긴이주) 오를란도Vittorio Emmanuele Orlando(1860~1952)는 시칠리아 출신의 정치가로, 카포레토 전투의 참패 이후 1917년에 총리직에 올라 평화 회담에 참가했다. 윌슨Thomas Woodraw Wilson에게 반대하면서 회담을 거부했으며, 1919년에 사임했다. 처음에는 파시즘에 우호적이었다가 결국 파시즘을 반대하게 되었다.

24 (옮긴이주) 데 니콜라Enrico De Niccola(1877~1959)는 나폴리 출신의 정치가로 자유-보수주의 연합의 하원 의원과 국회의장을 지냈고 2차 세계대전이 끝난 후 이탈리아 제헌 의회에서 임시 대통령이 되었다.

25 (옮긴이주) 1924년에 영국 총선에서 승리한 뒤 정권을 잡았던 노동
    당 출신의 내각을 가리킨다.

26 (옮긴이주) 살란드라Antonio Salandra(1853~1931)는 풀리아 출신
    의 정치가로서 1914년에 졸리티의 뒤를 이어 총리가 되었다. 1차
    세계대전이 발발한 뒤 처음에는 중립을 표방했지만 결국 참전을 결
    정했다. 그는 파시즘에 우호적이었던 민족주의 성향의 보수주의 정
    치가였다.

27 (옮긴이주) 니티Francesco Saverio Nitti(1868~1953)는 이탈리아 남
    부 출신의 정치가이자 경제학자다. 1919년에서 1920년에 정부 수
    반을 역임하면서 남부 문제의 직접적인 해결을 시도했다. 파시즘
    정부에 의해 추방되었다가 1945년에 이탈리아로 돌아왔다. 그는
    통제적 발전론을 견지하면서 국가의 주요 산업을 국영화할 것을 주
    장했다.

28 (옮긴이주) 이탈리아의 20개 주 가운데 이탈리아 동남쪽의 끝 부분
    에 걸쳐 있는 주다. 이 주의 도시로 바리나 레체, 타렌토 등이 유명
    하다. 이 지역에 살던 수많은 농민들이 19세기 말과 20세기 초에 북
    부와 유럽 지역 등으로 이주했다.

29 (옮긴이주) 기원전 321년에 로마군이 산니오족에게 패한 장소다.
    이 지역은 오랫동안 로마 영토였음에도 불구하고 산니오족은 이곳
    을 약 80년간 통치했다. 여기서는 재량권을 로마에 돌려주어야 한
    다는 의미, 즉 개량주의자들이 아니라 보수주의자들이 지배 권력의
    헤게모니를 주도해야 한다는 의미로 사용되었다.

30 (옮긴이주) 아멘돌라Giovanni Amendola(1882~1926)는 살레르노
    출신으로 피사 대학 철학 교수를 지낸 정치가다. 아벤티노 그룹(마
    테오티Mateotti 의원 암살 사건을 계기로 많은 국회의원들이 반파시
    즘 동맹을 구축했는데, 이때 결성된 반파시즘 의원 동맹을 말한다)

의 주요 인사였으며 파시즘에 반대하다가 파시스트 정부에 의해 암살되었다.

31 (옮긴이주) 바돌리오Pietro Badoglio(1871~1956)는 군인 출신의 민족주의 우파 정치가로, 카포레토 전투에 참가한 뒤 이탈리아 참모총장에 올랐던 인물이다. 파시스트 정부에 가담해 외교 업무를 담당하기도 했다. 그러나 무솔리니와의 불화로, 1943년 연합군이 시칠리아에 상륙하자 무솔리니를 실각시키는 데 큰 역할을 했다. 이후 수립된 군사 독재 정부의 총리를 지냈다.

32 (옮긴이주) 카르도나Luigi Cardona(1850~1928)는 전통적인 권위주의 성향의 군인이었다. 카포레토 전투의 참패 당시 참모총장으로 이탈리아 군대를 이끌었다. 그람시가 훗날《옥중 수고Quaderni del carcere》에서 '동의'를 구하려 노력하지 않는 전형적인 지도자 중 한 사람으로 묘사했다.

33 (옮긴이주) 브리앙Aristide Briand(1862~1932)은 프랑스의 정치가다. 원래 프랑스 사회당 지도자 중 한 사람이었지만 이내 축출되었다. 1차 세계대전 동안 프랑스의 전시 내각을 이끌었다.

34 (옮긴이주) 푸앵카레Raymond Poincaré(1860~1934)는 가톨릭계 공화주의론을 견지했던 프랑스 정치가로, 1924년의 좌파 연합 정부 이후 등장한 신성 동맹의 지도자였다. 신성 동맹은 가톨릭계 공화주의를 지지하는 사람들이 보수주의적이지 않으면서 중도적인 가톨릭 공화주의 노선을 추종했던 분파다.

35 (옮긴이주) 베카리스Bava Beccaris(1831~1924)는 이탈리아 식민지 시대의 군인으로, 강경론적인 입장을 지녔던 인물이다. 1898년에 밀라노에서 발생한 소요를 강경 진압해 많은 사람들을 사살함으로써 군국주의의 전형을 보여주었다.

36 (옮긴이주) 투라티Filippo Turati(1857~1932)는 이탈리아 사회당 지

도자 출신의 정치가다. 《사회 비평Critica sociale》이라는 잡지를 통해 독일의 사민주의 이데올로기를 이탈리아에 소개한 사회주의자이기도 하다. 1922년에 사회당을 탈당해 통합 이탈리아 사회당을 창당했다. 파시즘의 박해를 피해 파리로 망명한 뒤 사회당 재통합에 노력을 기울이다가 사망했다.

37 (옮긴이주) 다라고나Ludovico D'Aragona(1876~1961)는 20세기 초 개량주의 노동조합 운동의 지도자였다.

38 (옮긴이주) 모딜리아니Giuseppe Emmanuele Modigliani (1872~1947)는 투라티, 클라우디오 트레베스Claudio Treves 등과 함께 통합 이탈리아 사회당을 창당한 사회주의 계열의 정치가였다. 또한 그는 사회당 내 최대 강령주의 분파의 지도자 중 하나였다.

39 (옮긴이주) 프람폴리니(1859~1930)는 레조 에밀리아 지방 사회민주주의의 창설자로, 1892년에 사회당의 전신인 노동자당을 창당했다. 사회주의 계열의 정치가인 그는 개혁 사회주의당을 창설해 이끌었으며 당 기관지 《정의》의 편집장이었다.

40 (편집자주) 그람시가 1926년 8월 2일과 3일의 공산당 운영 위원회 모임에 보고서를 제출하기 전에 주요 토론 의제로 상정한 문서다. 첫 부분은 수정과 보완을 거쳐 《노동자 국가Stato operaio》, II, 3호 (1928), 82~88쪽에 발표되었다. 전문은 《재생Rinascita》, 15호(1967년 4월 14일), 21~22쪽에 발표되었다.

(옮긴이주) 이 글은 Antonio Gramsci, La costruzione del Partito Comunista(1923~1926), 113~120쪽에 수록돼 있다. 이 글의 발표 시기는 〈남부 문제에 대한 몇 가지 주제들〉보다 늦지만 작성 시기나 내용으로 볼 때 〈남부 문제에 대한 몇 가지 주제들〉보다 더 중요하다고 할 수 있다. 헤게모니 개념이 단순한 출발점이 아니라 구체적 개념으로서 한 국가의 세부적 상황과 밀접하게 관련된 것으로

인식된 점 등은 오늘의 우리에게 매우 중요한 시사점을 던져준다.

41 (옮긴이주) 가톨릭 행동주의는 가톨릭계의 세속 조직으로, 전 유럽에서 활동하고 있다. 1885년에 이탈리아에서 창설되었고, 1922년에 교황 피우스 11세의 승인을 받아 전국적인 조직으로 발전했다. 라테란 조약 이후 가톨릭 내부에서 이를 지지하는 그룹과 반대하는 그룹 사이에 균열이 생긴 뒤, 1931년부터는 세속적인 가톨릭교도들의 사회 운동 조직이자 정치적 결사체로서 활동해왔다.

42 (옮긴이주) 페데르초니Luigi Federzoni(1878~1967)는 볼로냐 태생의 민족주의자로, 1910년 이탈리아 민족당을 창당했다. 1923년 민족당이 파시스트당과 결합하자 파시스트당의 지도자로 활동했다.

43 (옮긴이주) 볼피Giuseppe Volpi(1877~1947)는 백작 출신의 정치가이자 금융 전문가다. 1919년의 파리 강화 회의에 이탈리아 특사로 참가해 외교적 임무를 수행했다. 그 후 피렌체의 재정 담당 고문을 지냈고 아드리아 전기 회사를 설립하기도 했다. 파시즘에 매우 우호적인 인물이었다.

44 (옮긴이주) 1922년 10월 24일에 나폴리에서 개최된 파시스트 전당 대회에서 4만여 명의 참가자들은 로마를 향한 진군을 결의했고, 같은 달 28일에 일군의 젊은 청년 당원들을 중심으로 '로마 행진 Marcia su Roma'을 시작했다. 파시스트들은 이 행진을 통해 정권을 잡게 되었으며, 무솔리니는 39세라는 젊은 나이에 이탈리아 총리가 되었다.

45 (옮긴이주) 피에몬테의 사보이 왕가가 보불 전쟁을 틈타 1870년에 로마를 점령하면서 가톨릭과 갈등을 일으켰다. 세속적 권력을 인정하지 않는 교황청과, 국가의 통일을 위해 가톨릭 세력을 약화시켜야 하는 사보이 왕국 사이의 갈등은 상당한 기간 동안 지속되었다. 그런데 무솔리니는 1922년에 정권을 잡은 뒤 대내외에 파시스트의

정당성을 과시하면서 국내 지지 기반 확충을 위해 교황청과 손잡는 라테란 조약을 체결했고, 이로써 오랜 갈등과 대결 국면을 종식시켰다. 가톨릭은 다시 한번 이탈리아인의 의지에 반하는 정치적 행동을 함으로써 파시즘 체제의 구체화와 공고화에 커다란 기여를 하는 실책을 범한 셈이다.

46 (옮긴이주) 1924년 6월에 일어난 마테오티Giacomo Matteotti 사회당 의원의 암살을 계기로 파시즘에 반대하는 국회의원들이 반파시즘 투쟁에 나서게 되는데, 이때 결성된 것이 바로 아벤티노 그룹이었다. 그러나 아벤티노 그룹이 이듬해에 해체되면서 실질적으로는 아무런 결과도 나타나지 않았다. 그리고 파시즘 체제는 아벤티노 그룹의 해체 이후 더욱 공고해졌다.

47 (옮긴이주) 디 체사로Colonna di Cesaro는 시칠리아 정당인 민주사회당의 지도자로, 한때 무솔리니 정권에 협력했지만 마테오티 의원의 암살 사건을 계기로 반파시즘 진영에 가담했다.

48 (옮긴이주) 미국의 금융 회사인 모건은 1차 세계대전이 끝난 뒤 이탈리아 복구 비용으로 1억 달러 이상을 차관 형태로 지원했다.

49 (옮긴이주) 스트루초Luigi Struzo가 설립한 이탈리아 인민당의 지지자들과 추종자들을 가리킨다.

50 (옮긴이주) 1926년 5월에 폴란드에서 발생한 군사 봉기 사건의 주모자가 바로 필수드스키Józef Klemens Pilsudski였다. 사회주의자였던 그는 봉건적 잔재인 러시아 황제주의에 대항하는 운동을 펼쳤다. 이 과정에서 그는 폴란드에서 황제주의의 부활을 노리는 왕정 복고주의자들을 제압하고 좌파 연합 공산주의자들의 묵인 하에 정권을 획득했다. 그러나 필수드스키는 좌파 연합의 기대를 저버리고 파시즘 체제와 유사한 군국주의 독재 체제를 구축했다.

51 (옮긴이주) 1차 세계대전이 종결되자 프랑스는 유럽의 새로운 세

력 균형을 도모하기 위해 독일과 러시아에 맞서 동유럽 국가들과 동맹을 체결하는 외교 노선을 채택했다. 그 결과로 탄생한 것이 1925년에 프랑스가 폴란드, 체코슬로바키아와 체결한 로카르노 협정이었다. 프랑스의 이러한 외교 정책은 1930년대에 독일에서 나치즘이 발흥할 때까지 지속되었다. 이러한 좌파 연정의 외교 정책에 대해 국내에서는 이를 반대하는 소요가 빈번하게 발생했다.

52 (옮긴이주) 데 가스페리Alcide De Gasperi(1881~1954)는 이탈리아 인민당 출신의 국회의원으로, '로마 행진' 이후 스트루초를 대신해 이탈리아 인민당을 이끌었고 반파시즘 연맹인 아벤티노 그룹에 적극적으로 가담했다. 그는 파시즘에 적대적이었으며, 2차 세계대전이 끝난 후 총리를 지내는 등 오랫동안 이탈리아 기민당의 지도자로 활동했다.

53 (옮긴이주) 사르데냐 행동당은 1921년에 루수Emilio Lussu(사르데냐의 민족주의와 민족 의식을 고양시키기 위해 노력한 인물로 사르데냐 주의 독립과 자립 운동을 펼쳤다)가 창당한 사르데냐 지역의 진보 정당이다.

54 (편집자주) 이 글은 이탈리아 공산당의 문서 보관소에 보존되어 있는 수고에 기초해 출판된 것으로, 1930년 1월에 파리에서 《노동자 국가》에 처음으로 발표되었다. 발표 당시 다음과 같은 주석이 붙어 있었다. "그람시 동지를 체포하기 위한 활동이 즉각적으로 진행되었던 1926년의 몇 달 동안 그람시 동지는 우리 당의 기관지에 이 글을 발표할 준비를 했다. 남부 문제는 그람시 동지에 의해 몇 달간 연재물로 기획된 것으로 어느 정도 준비가 된 상태이며, 중앙당의 몇몇 동지들은 이미 이 글을 읽어보았다. 준비 과정에서 여러 번 논의를 거친 끝에 오늘 드디어 시리즈 중 첫 번째 부분을 싣는다. 원고가 완성된 것은 아니지만, 아마도 그람시가 다시 한번 여기저기 손을

보아야 하겠지만…" 언급된 후속 글들은 발견되지 않았다.

(옮긴이주) 이 글은 Antonio Gramsci, *La costruzione del Partito Comunista*(1923~1926), 137~158쪽에 수록돼 있다.

55 (옮긴이주) 넨니Pietro Nenni와 로셀리Carlo Rosselli에 의해 창간된 사회주의 계열의 사상지로, 1926년까지 발간되었다. 노동자 계층을 가리키는 '제4국가'는 라살Ferdinand Lassalle이 사용한 용어로, 그 기원은 프랑스 혁명까지 거슬러 올라간다.

56 (편집자주)《자유주의 혁명*La Rivoluzione Liberale*》이라는 잡지의 기고자 중 한 사람인 자유주의 활동가 피오레Tommaso Fiore의 필명이다.

57 (편집자주) Antonio Gramsci, "Operai e contadini", *Ordine Nuovo*(1919~1920), 317~318쪽에서 인용했다.

(옮긴이 주) 이 책 33~35쪽.

58 (옮긴이주) 이 책 32쪽.

59 (옮긴이주) 구체주의Concretismo는 살베미니Gaetano Salvemini의 입장을 반영한 이념이다. 전형적 남부주의자 중 한 사람이었던 살베미니는 사회당을 탈당하면서 자신의 농민주의를 구체주의로 정의했다. 살베미니가 말하는 구체주의란 국가의 정책이나 정책 방향에 남부 문제의 해결을 위한 보다 구체적인 정책이나 방향이 제시되어야 한다는 것이다.

60 (옮긴이주) 포르투나토Giustino Fortunato(1777~1862)는 1799년 나폴리의 파르테노페아 공화국에 동조하다 추방되었고, 뮈라Joachim Murat가 정권을 잡은 뒤에 귀국해 나폴리 왕국의 요직을 역임했다. 그는 여러 장관직을 지내는 동안 남부 문제의 해결을 위한 정책들을 실제로 적용했던 인물이고, 남부주의자들의 스승으로 평가받고 있다.

61 (옮긴이주) 라브리올라Arturo Labriola는 20세기 초의 이탈리아 조합

주의 지도자 중 한 사람이었다. 그러나 1919년에서 1920년 사이의 '붉은 2년' 동안 졸리티 정부에서 노동부 장관이 되어 자본가의 입장을 대변하기도 했다.

62 (옮긴이주) 페리Enrico Ferri(1856~1929)는 이탈리아의 형법학자이자 정치가로, 1900년부터 6년간 사회당 기관지《전진!》의 편집위원을 지냈다. 사회주의 노선에 입각해 정치 생활을 시작했지만 1922년부터 파시즘에 가담했다. 행형학(行刑學)적 실증주의 노선을 답습해 이탈리아 실증주의 연구에 커다란 기여를 했으나, 결국 인종주의적인 경향을 보였다.

63 (옮긴이주) 세르지Sergio Sergi(1878~1978)는 이탈리아의 인류학자다. 아버지 역시 인류학자로, 아버지와 함께 이탈리아의 인류학적 기원을 밝히는 연구를 했다. 1926년부터 로마 대학의 교수로서 고대 이탈리아에 대한 인류학적 연구를 했는데, 인종적인 면을 강조함으로써, 남부 문제를 인종적인 측면에서 바라보는 이들에게 이론적 토대를 제공했다.

64 (옮긴이주) 니체포로Alfredo Niceforo(1870~1960)는 이탈리아의 법률가이자 형법학자로, 나치즘과 연결해 이탈리아 남부 민중의 인종학적 열등성을 연구함으로써 남부 문제 분석에 최악의 기준을 제공한 인물이다.

65 (옮긴이주) 트레베스Claudio Treves(1869~1933)는 사회주의 계열의 정치가로, 1906년부터 1926년까지 하원 의원으로 활동했다. 1909년부터 1912년까지《전진!》의 편집장을 지냈고, 리보르노 분당 이후 1926년까지 통합 이탈리아 사회당을 이끌었다.

66 (편집자주) 루수가 조직한 사르데냐 청년단 운동 조직이다.

67 (옮긴이주) 코라디니Enrico Corradini는 단눈치오Gabriele D'Annunzio와 함께 1차 세계대전 중에 일어난 민족주의 운동의 중심 인물이다. 이

탈리아 민중당을 창당하는 데 주도적 역할을 했고 민족주의 작가이
자 정치 평론가로 활동했다. 1903년에 이탈리아 최초의 민족주의 잡
지인 《왕국*Il Regno*》을 창간한 그는 이탈리아인의 미국, 남아메리카,
북아프리카 이민에 관한 연구를 했다. 이 연구에서 그는 이탈리아인
의 해외 진출이 값싼 노동력을 외국에 제공하는 것이 아니라 정복자
로서 외국에 진출하는 의미를 가진다고 분석함으로써 이탈리아의
식민지 정책을 옹호했다. 그는 영국이나 프랑스 같은 국가들과 달리
이탈리아는 '프롤레타리아 국가'라고 비유하면서 혁명적 투쟁이란
계급 간의 투쟁이라고 주장했고, 로마 제국의 영광에 대한 기억과
찬양을 통해 이탈리아인의 애국심과 국가주의를 역설했다.

68 (옮긴이주) 포르게스 다반차티Roberto Forges-Davanzati는 20세기 초
반의 민족주의자로, 파시즘 집권 이후 《논단*La Tribuna*》이라는 자유
주의 성향의 잡지를 인수해 파시즘 성향의 잡지 《민족의 사상*L'Idea*
Nazionale》과 통합해 운영했다. 1934년에서 1936년 사이에는 이탈
리아 라디오 선전 프로그램 '야간 소식'을 맡아 방송하기도 하는 등
파시즘의 주요 지도자 중의 한 사람이었다.

69 (옮긴이주) 포 강 유역을 따라 형성된 평원 지역이다. 평원을 따라
벼농사 등이 발달해 있다. 산업적으로도 부유한 곳이며, 오늘날 일
어나고 있는 북부 분리 동맹의 진원지이기도 하다.

70 (옮긴이주) 이탈리아에서는 10년마다 국세(國勢) 조사가 실시된다.

71 (옮긴이주) 프레촐리니Giuseppe Prezzolini(1882~1982)는 작가이자
기자였다. 파피니Giovanni Papini와 함께 《레오나르도*Leonardo*》라는
잡지를 창간했다. 처음에는 베르그송 철학에 심취하다 차츰 크로체
에게 옮아갔다. 1908년 《소리*Voce*》지를 창간하고 1914년까지 운영
하면서 민족주의를 표방하기 시작했다. 또한 민족주의를 표방하는
문학 작품들을 많이 썼다.

72 (옮긴이주) 프레촐리니가 1908년 피렌체에서 창간한 문화지로 1916년까지 발간되었다. 이 잡지는 새로운 엘리트 지식인 계층의 사상과 문화를 전파하는 당대 최고의 문화지 중 하나였으며, 크로체Benedetto Croce, 젠틸레Giovanni Gentile, 살베미니, 에이나우디Luigi Einaudi, 무리Romolo Murri, 파피니 등 당대의 저명한 지식인들이 여기에 기고했다. 이탈리아에 새로운 지적·도덕적 혁명을 이루기 위한 전초적 사상 기지의 역할을 한 이 잡지는 철학적으로는 실증주의에 반대했고 문학적으로는 단눈치오에게 반대했다.

73 (옮긴이주) 1913년에 졸리티와, 가톨릭 정치 단체인 가톨릭 선거 연합의 의장 젠틸로니Gentiloni 백작 사이에 체결된 협정이다. 이 협정에서 가톨릭계는 당시 정치적으로 세력을 확장하고 있던 사회주의 계열의 하원 의원과 사회주의를 저지하기 위해 1913년의 국회 의원 선거에서 정부 출신의 정치가들을 지원할 것을 약속했다.

74 (옮긴이주) 크리스피Francesco Crispi(1818~1901)는 1861년에 시칠리아에서 좌익 계열의 하원 의원으로 당선되면서 정치가로서 본격적인 활동을 시작했다. 1877년부터 1879년까지 내무부 장관을 역임한 뒤 두 차례(1887~1891, 1893~1896)에 걸쳐 총리를 지냈다. 아도와 전투에서 패한 뒤 총리직에서 물러날 때까지 프랑스와의 경제 주도권 투쟁을 주도하면서 아프리카 식민지 정책을 이끌었다.

75 (편집자주) "Un asino bardato", *Socialismo e Fascismo*, 64~67쪽 참조.

76 (편집자주) 테라치니Umberto Terracini를 말한다.

77 (편집자주) Antonio Gramsci, "L'avvento della democrazia industriale e Uomini in carne e ossa", *Socialismo e Fascismo*(1921~1922)(Torino: Einaudi, 1978), 128~130쪽, 154~156쪽을 참조하라.

78 (옮긴이주) 당대의 이탈리아 문화계를 지배하던 인물은 크로체였다. 그는 자유주의를 기조로 하여 관념적인 철학적 기반 위에서 주

로 지배 계급과 부르주아 계급의 철학과 이상을 전파했다. 따라서 그람시가 보기에 크로체는 대중적이고 민중적인 새로운 문화 창출을 위해서 극복해야 할 대상이자 당대 문화의 핵심 세력이었다.

79 (옮긴이주) 이탈리아 동남부의 여러 주에서 사용되는 말로 알바니아인이라는 뜻을 갖는다.

80 (옮긴이주) 고베티Piero Gobetti를 지칭한다.

81 1848년 1월 팔레르모에서 자유주의적이고 개혁적인 국가 수립과 헌법 제정을 요구하는 시위와 소요가 일어났고, 이후 이탈리아 전역에서 이런 일이 일어났다. 여기서 말하는 혁명이란 이러한 일련의 혁명 과정을 말한다. 보통 오스트리아와의 전쟁으로 베네치아 공화국이 굴복하게 되는 1849년 10월까지가 이 혁명 기간에 포함된다.

82 이에 대해서는 여러 가지 이견이 있지만 이 책에서 이견들을 모두 다루기는 어렵다. 이탈리아 남부 문제의 사회적·정치적 의미는 이 문제가 통일이라는 사건을 통해 국가의 사회 문제가 되었다는 점에서 이야기될 수 있는 것이다. 다시 말해 이것은 처음부터 존재하던 사회 문제가 아니라, 역사적 발전 과정에서 등장해 통일 이후에 더욱 심각하게 고착화된 것이다.

83 한국 사회에 불어 닥친 그람시 열풍 속에서 간헐적으로 등장했던 '이탈리아 남부 문제'는 강옥초에 의해 하나의 주제로 논의되었다. 강옥초, 〈초기 그람시의 사상과 이탈리아 남부주의〉,《서양사론》제55호(서양사학회, 1997).

84 남부 문제에 관심을 가지고 남부 문제를 자신의 연구 영역이나 사상적 기반으로 삼았던 이들을 '남부주의자'라고 부를 수 있다.

85 카보우르Camillo Benso Cavour의 삶과 사상에 대해서는 다음을 참고하라. Luigi Salvatorelli, *Pensiero e Azione del Risorgimento* (Torino:

Archivio di Torino, 1944) ; Walter Maturi, "Partiti politici e correnti di pensiero nel Risorgimento", *Questioni di Storia del Risorgimento e dell'Unita d'Italia*(Milano: Archivio di Milano, 1951).

86 빌라리Pasquale Villari의 삶과 사상에 대해서는 다음을 참고하라. Ermmenegildo Pistelli, *Profilo di Pasquale Villari*(Milano: Archivio di Milano, 1916) ; Baldasereni, *Pasquale Villari*(Torino: Archivio di Torino, 1918).

87 손니노Sidney Sonnino의 삶과 사상에 대해서는 다음을 참고하라. Enzo Tagliacozzo, *Voci di realismo politico dopo il 1870*(Bari: Archivio di Torino, 1937).

88 프란케티Leopoldo Franchetti의 삶과 사상에 대해서는 다음을 참고하라. Umberto Zanotti-Bianco, *Saggio storico su Leopoldo Franchetti*(Firenze: Archivio di Torino, 1950).

89 투리엘로Pasquale Turiello의 삶과 사상에 대해서는 다음을 참고하라. William Langer, *La diplomazia dell'imperialismo*(Milano: Archivio di Milano, 1942).

90 포르투나토의 삶과 사상에 대해서는 다음을 참고하라. Umberto Zanotti-Bianco, *Introduzione a Giustino Fortunato. Pagine storiche*(Firenze: Archivio di Torino, 1951); Della Sala, *Giustino Fortunato nella vita intima*(Calabria: Archivio di Torino, 1932).

91 콜라얀니Napoleone Colajanni의 삶과 사상에 대해서는 다음을 참고하라. Salvatore Massimo Ganci, *Democrazia e Socialismo in Italia*(Milano: Archivio di Milano, 1959).

92 니티의 삶과 사상에 대해서는 다음을 참고하라. Luciano Cafagna, "Nitti e la questione meridionale", *Problemi del socialismo*(Milano: Archivio di Milano, 1959).

93 Emilio Artom, "Il Conte di Cavour e la Questione Napoletana", *Nuova Atologia*(1901년 11월 1일), 356쪽. Massimo Salvadori , *Il mito del buongoverno*(Torino: Einaudi, 1981), 29~30쪽에서 재인용.

94 카타네오Carlo Cattaneo(1801~1869)는 이탈리아의 19세기 정치가 중에서 연방주의를 제창했던 인물이다. 그는 다양한 지역의 자치를 보장하고 공화주의 형태의 정부를 피에몬테가 중심이 되어 건설하자고 주장했다. 이공계 잡지《이공계*Politecnico*》를 1839년에 창간해 운영했고, 여러 지역 정부들의 전쟁에도 참가했다.

95 Massimo Salvadori, *Il mito del buongoverno*, 235쪽.

96 치코티Francesco Ciccotti의 삶과 사상에 대해서는 다음을 참고하라. Salvatore Massimo Ganci, *Democrazia e Socialismo in Italia*(Milano: Archivio di Milano, 1959).

97 Massimo Salvadori, *Il mito del buongoverno*, 267쪽.

98 살베미니의 삶과 사상에 대해서는 다음을 참고하라. Eugenio Garin, *Salvemini nella societa italiana*(Bari: Laterza, 1959).

99 스트루초의 삶과 사상에 대해서는 다음을 참고하라. Gabriele De Rosa, *Il Partito popolare italiano I, II*(Bari: Laterza, 1974); Francese Catalano, "Luigi Struzo", Belfagor, 2호, 31(1960년 3월).

100 영어로는 'corporatism'이다. 이 운동의 철학적 기원은 중세 수도원에 있지만 현대에 파시즘의 영향을 받으면서 국가가 개입된 노동자 협동주의 운동으로 변질되었다. 그러나 1960년대 이후 유럽에서는 정부와 사용자, 노동자 간의 국가 경제 협력 시스템의 성격을 갖게 되었다. 우리 나라에서 1998년부터 작동하고 있는 노사정 협의회 역시 이 운동의 일환으로 볼 수 있다.

101 도르소Guido Dorso의 삶과 사상에 대해서는 다음을 참고하라. Carlo Muscetta, "Guido Dorso", *Belfagor*, 5호(1947).

102 그람시는 《옥중 수고》에서 현대 군주로서의 공산당의 역할과 기능을 검토한다. 이탈리아의 프롤레타리아 혁명을 이끌 수 있는 전위 정당으로서의 당의 역할을 강조하는 그람시의 분석은 도르소의 혁명적 엘리트 정당론과 이론적 연관이 많다.

103 Antonio Gramsci, *L'Ordine nuovo*(1919~1920), 22~23쪽.

104 Antonio Gramsci, *L'Ordine nuovo*(1919~1920), 24쪽.

105 Antonio Gramsci, *L'Ordine nuovo*(1919~1920), 26쪽.

106 Antonio Gramsci, *L'Ordine nuovo*(1919~1920), 25쪽.

107 Antonio Gramsci, *L'Ordine nuovo*(1919~1920), 28~31쪽을 참조하라.

108 Antonio Gramsci, *L'Ordine nuovo*(1919~1920), 17쪽.

109 Antonio Gramsci, *L'Ordine nuovo*(1919~1920), 17쪽.

110 De Felice, Serrati, Bordiga, *Gramsci*(Torino: Einaudi, 1982), 189~192쪽을 참조하라.

111 Antonio Gramsci, *L'Ordine nuovo*(1919~1920), 47쪽.

112 Antonio Gramsci, *L'Ordine nuovo*(1919~1920), 37쪽.

113 Antonio Gramsci, *L'Ordine nuovo*(1919~1920), 125쪽.

114 이에 대한 자세한 내용은 Antonio Gramsci, *Questione meridionale*(Roma: Riuniti, 1951), 46~48쪽을 참조하라.

115 Antonio Gramsci, *Questione meridionale*, 43~45쪽.

116 Antonio Gramsci, *Il Risorgimento*(Roma: Riuniti, 1991), 22~40쪽, 98~121쪽을 참조하라.

117 이탈리아 전체 기업 중 약 20퍼센트가 대기업인데 주로 중화학 계열의 공기업들이다. 남부 문제를 국가적 문제로 인식하고 해결하기 위해서는 국가의 개입이 필수적인데, 중소기업은 철저하게 자기 이익 본위이기 때문에 지역 개발이라는 명분으로 경제적 이익이 발생

하지 않을 지역에 대한 투자와 생산을 강요할 수는 없다. 따라서 지역 개발을 위해서는 보다 덩치가 큰 대기업과 공기업들의 지역적 분화와 개발을 국가가 적극적으로 유도해야 하는 것이다.

118 후견인 제도는 고대 로마에서 유래한 개념으로, 보통 대토지 소유자와 군사적·행정적 관료들 사이에 맺었던 계약 관계에서 유래했다. 이러한 전통이 현재까지 이탈리아 정치계에 하나의 전통으로 존재하고 있다. 현대적으로 후견인 제도는 후견인에 해당하는 정치적 유력자를 정점으로 지방의 말단 공무원이나 지주들까지 연결되어 정치가 후견인의 의중에 따라 움직이는 이탈리아의 정치 시스템이다. 우리 나라와 군이 비교하자면 학연·혈연·지연 등이 복합적으로 합쳐진 형태의 엽관주의 정도로 해석할 수 있다.

119 Massimo Salvadori, *Il mito del buongoverno*, 534쪽.

더 읽어야 할 자료들

리차드 벨라미, 《그람시와 민족국가》, 윤민재 옮김(사회문화연구소, 1996)

그람시 사상의 형성 과정을 연대순으로 서술한 책으로, 연대별로 주요한 사건들과 개념들을 정리했다. 특히 그동안 간과되었던 이탈리아 내부의 정치적 전통, 제도, 사건들을 비교적 잘 설명하고 있다. 또한 마지막 부분에서는 이탈리아 남부 문제와 리옹 테제에 대한 분석을 통해 이탈리아 남부 문제가 어떻게 헤게모니론의 단초가 되었는지를 설명하고 있다. 그람시 사상의 배경을 알기 쉽게 설명하고 있어 처음 그람시를 접하는 독자도 어렵지 않게 읽을 수 있다.

리처드 벨라미 엮음, 《안토니오 그람시 옥중 수고 이전》, 김현우·장석준 옮김(갈무리, 2001)

국내에는 그람시의 글 중 《옥중 수고》가 가장 먼저 소개되었는데, 이 책은 《옥중 수고》 이전에 쓰인 그람시의 글들을 담고 있다. 주로 그람시 사상의 핵심을 비교적 잘 보여주는 글들이며, 특히 청년 시절의 그람시가 펼쳤던 공장 평의회 운동에 대한 글들이 많다. 그람시가 이탈리아 남부 문제에 대해 많이 다루던 시기의 글들이어서 남부 문제에 대한 그의 생각이 어떻게 진화했는지도 살펴볼 수 있다. 또한 이 책에도 〈남부 문제에 대한 몇 가지 주제들〉이 번역되어 있는데, 이는 영역본을 번역한 것이어서 이탈리아어 원문을 직접 번역한 본서의 번역본과 비교해볼 수도 있을 것이다.

안토니오 그람시, 《그람시와 함께 읽는 문화》, 조형준 옮김(새물결, 1994)

문화주의자 그람시의 면모를 가장 잘 나타내주는 책이다. 문학, 언어학, 민속학, 대중 문화 등을 아우르는 그람시의 문화론을 이해하게 해준다. 이탈리아의 상황에 맞게 용어와 개념 및 설명 등이 선택되었다는 장점도 있다. 또한 20세기 초 이탈리아의 대중 문화, 이탈리아 남부 문제와 관련 있는 여러 개념들——국민, 대중, 상식, 문화의 조직화, 교육 등——에 대한 그람시의 비교적 명확한 설명이 담겨 있다.

안토니오 그람시, 《그람시의 옥중 수고 2》, 이상훈 옮김(거름, 1999)

《옥중 수고》의 일부를 '역사와 문화'라는 부제를 붙여 번역한 책으로, 이탈리아 남부 문제의 배경이 되는 리소르지멘토와 이탈리아 역사를 이해하는 데 중요하다. 이 책을 통해 남부 문제라는 하나의 개념이 생성되는 역사적 계기와 동기를 살펴볼 수 있으며, 이탈리아 남부 문제가 오랜 역사를 지니고 있는 사회 문제라는 점을 이해할 수 있다.

주세페 피오리, 《안토니오 그람시: 한 혁명가의 삶》, 신지평 옮김(두레, 1992)

그람시 평전은 상당히 많지만, 국내에 소개된 것 중에는 피오리의 이 책을 추천할 만하다. 그람시 사상의 생성 과정이나 학문과 활동의 변천 과정이 비교적 잘 설명되어 있다. 특히 그람시가 젊은 시절의 사르데냐주의를 극복하고 이탈리아 남부 문제로 사상의 지평을 확장하던 시기의 이탈리아의 역사적·정치적 배경이 잘 설명되어 있다.

크리스토퍼 듀건, 《미완의 통일 이탈리아사》, 김정하 옮김(개마고원, 2001)

18세기 이후의 이탈리아 현대사를 비교적 잘 정리하고 있어, 이탈리아 역사를 제대로 다룬 책이 많지 않은 우리 현실에서 의미 있는 책이다. 이탈리아 남부 문제와 관련된 그람시의 사상을 이해하기 위해서는 먼저 리소르지멘토와 이탈리아 통일 과정 그리고 파시즘에 대해 알아야 한다는 것을 이해하는 독자들에게 이 책은 좋은 지침서가 될 수 있다. 한 가지 아쉬운 점은 저자가 영국적 관점에서 논의를 전개하고 있으며, 간혹 내용이 중복되고 난삽하다는 것이다. 그럼에도 이 책은 이탈리아 현대사를 이해하는 데 가장 좋은 자료라고 할 수 있다.

Antonio Gramsci, *L'Ordine nuovo*(1919~1920)(Torino: Einaudi, 1972); *La costruzione del Partito Comunista*(1923~1926)(Torino: Einaudi, 1972)

이 책들은 그람시가 《옥중 수고》 이전에 쓴 글들을 에우나우디 출판사가 모아 출간한 다섯 권의 시리즈에 속한다. 이탈리아 남부 문제에 관한 그람시 사상의 형성 과정을 살펴볼 수 있는 글들을 연대순으로 정리했다. 또한 그람시가 초기부터 체포될 때까지 다양한 분야의 글을 어떤 방식으로 썼는지를 보여주며, 남부 문제라는 주제와 관련된 농민 문제나 이탈리아의 정치적 상황 그리고 파시즘에 대한 그의 분석을 비교적 자세하게 보여준다.

김종법 utikim@dju.kr

〈문화적 지평 확장을 위한 그람시 문학 연구〉라는 석사 논문을 시작으로 7년 동안 이탈리아에서 유학하며 그람시에 대한 학문적인 저변과 깊이를 더하기 위해 노력했다. 국가연구박사(Dottorato di Ricerca) 과정에서 〈한국적 연구를 통해 본 그람쉬 헤게모니 개념에 대한 일고〉로 박사 학위를 받았다. 귀국한 뒤에는 이탈리아 유학 중에 준비했던 여러 부문의 글과 연구 결과물을 논문으로 발표하는 작업에 착수해서, 《이탈리아 포도주 이야기》를 비롯해 그람시 사상의 출발점이라고 할 수 있는 《남부 문제에 대한 몇 가지 주제들 외》, 《안또니오 그람쉬》, 《이탈리아 노동운동의 이해》 등을 출간했다. 2012년에 출간한 《현대 이탈리아 정치사회》는 2012년 문화체육관광부 우수학술도서에 선정되었으며, 《천의 얼굴을 가진 이탈리아》 같은 문화서도 출간하였다. 2015년에는 그람시에 대해 본격적으로 연구하기 시작해 《그람시의 군주론》과 《그람시와 한국 지배계급 분석》을 출간했고, 이듬해에는 그람시 평론 번역서인 《나는 무관심을 증오한다》도 출간했다. 이 밖에도 그람시에 관한 논문 10여 편을 다양한 학회지에 발표했다.

2005년부터 2007년까지 한양대학교에서 연구조교수로, 2010년 2월부터는 서울대학교 국제대학원 EU센터에서 시행한 HK유망연구소 사업의 HK연구교수로 3년간 재직했다. 지금은 대전대학교 글로벌 문화콘텐츠학과 교수로 재직 중이다.

현재 한국연구재단으로부터 개인 연구로 선정된 《옥중수고Qauderni del Carcere》 원전을 번역하고 있으며, 소멸하는 지방을 살리기 위한 실천적 지방 재생 연구사업(인문사회연구소지원사업 3+3=6년)에 선정되어 금산군을 대상으로 연구를 병행하고 있다. 향후 《옥중수고》 원전 번역작업이 마무리되면, 한국에서 그람시 이론을 실천할 수 있는지 다양한 방식과 분석을 통해 그 방법을 모색하려는 계획을 갖고 있다.

남부 문제에 대한 몇 가지 주제들 외

초판 1쇄 발행 2004년 8월 25일
개정 1판 1쇄 발행 2022년 9월 28일
개정 1판 3쇄 발행 2023년 8월 14일

지은이 안토니오 그람시
옮긴이 김종법

펴낸이 김현태
펴낸곳 책세상
등록 1975년 5월 21일 제2017-000226호
주소 서울시 마포구 잔다리로 62-1, 3층(04031)
전화 02-704-1251
팩스 02-719-1258
이메일 editor@chaeksesang.com
광고·제휴 문의 creator@chaeksesang.com
홈페이지 chaeksesang.com
페이스북 /chaeksesang   **트위터** @chaeksesang
인스타그램 @chaeksesang   **네이버포스트** bkworldpub

ISBN 979-11-5931-349-3 04080
       979-11-5931-221-2 (세트)